Ludwig van Beethoven, Gustav Nottebohm

Ein Skizzenbuch von Beethoven

aus dem Jahre 1803

Ludwig van Beethoven, Gustav Nottebohm

Ein Skizzenbuch von Beethoven
aus dem Jahre 1803

ISBN/EAN: 9783743391499

Hergestellt in Europa, USA, Kanada, Australien, Japan

Cover: Foto ©ninafisch / pixelio.de

Weitere Bücher finden Sie auf **www.hansebooks.com**

EIN SKIZZENBUCH VON BEETHOVEN

AUS DEM JAHRE 1803.

IN AUSZÜGEN DARGESTELLT

VON

GUSTAV NOTTEBOHM.

LEIPZIG.
DRUCK UND VERLAG VON BREITKOPF UND HÄRTEL.
1880.

In der königl. Bibliothek zu Berlin befindet sich ein Skizzenbuch, das unsere Aufmerksamkeit in mehr als gewöhnlichem Grade in Anspruch nimmt. Es fällt in die Zeit einer Umwandlung des Styles Beethoven's und bringt die beinahe vollständigen Skizzen zu einem Werke, das, als das bedeutendste jener Zeit, zur Bezeichnung und zur Beobachtung des vollzogenen Überganges aus einer Epoche in die andere besonders geeignet ist. Aus den Erscheinungen, welche die Skizzen zu jenem Werke bieten, lassen sich Folgerungen ziehen, welche zur Geschichte des Styles Beethoven's und zur Erweiterung der Kenntniss seines Schaffens bedeutend beitragen können. In der dem Skizzenbuche beizulegenden Wichtigkeit liegt die Aufforderung, in der hier unternommenen Darlegung auf die vorkommenden Erscheinungen, so weit es nöthig ist, ausführlich einzugehen. Karge Auszüge helfen hier nicht. Um die Entwickelung, das Entstehen, Wachsen und Werden des uns hier vorzugsweise interessirenden Werkes beobachten zu können, müssen die zu einem in Betracht zu ziehenden Satze oder Abschnitte gehörenden Skizzen so viel als möglich vollständig und in ihrem Zusammenhange vorgelegt werden. Nicht nur Anfang und Ausgang des Processes des Schaffens, sondern auch alle Stadien, die er durchlaufen musste, müssen kennen gelernt werden. Der Leser muss sich durch Beispiele überzeugen können. Auf die Ergebnisse, die sich aus den Erscheinungen ziehen lassen, kann hier nicht eingegangen werden, und werden später einige Worte darüber zu sagen sein.

Gedachtes Skizzenbuch ist in Querfolio, besteht aus 182 Seiten mit theils 16, theils 18 Notenzeilen auf jeder Seite, ist buchbindermässig gebunden, beschnitten, hat einen steifen pappenen Umschlag und war so gebunden, als Beethoven es in Angriff nahm. Abgesehen von ungefähr sieben leer gebliebenen Seiten und mit Ausnahme einer mit Bleistift beschriebenen Seite ist es durchgängig mit Tinte beschrieben. Beethoven kann es also nur zu Hause gebraucht haben. Es ist bis auf fünf herausgerissene Blätter so vollständig erhalten, wie es von Beethoven zurückgelegt wurde. Vor Seite 1 fehlt ein Blatt, und zwischen Seite 2 und 3 fehlen vier Blätter. Von Seite 3 an ist also eine Unterbrechung in der Betrachtung der Skizzen nicht zu befürchten.

Aus den Daten, welche sich an einige im Skizzenbuche berührte Compositionen knüpfen, geht hervor, dass es, wenn nicht ganz, so doch grösstentheils dem Jahre 1803 angehört. Ein Versuch, diese Zeit genauer zu bestimmen, sie nach Monaten abzugrenzen, stösst auf Schwierigkeiten. Die meisten der uns gebotenen Daten fallen theils zu spät, weil sie die einer Reinschrift oder des Erscheinens einer Composition sind, theils reichen sie nicht aus, um darauf einen sicheren Beweis gründen zu können. Wir schwanken zwischen Wahrscheinlichkeit und Vermuthung. Mit Berücksichtigung aller Umstände und mit der Einschränkung, dass höchstens neun Monate zwischen der Beschreibung der ersten und letzten Seite hingegangen sein können, lässt sich sagen: das Skizzenbuch fällt in die Zeit zwischen October 1802 und April 1804.

Auf die Erscheinungen, welche Beethoven's Skizzenbücher im Allgemeinen bieten, auf die Arbeitsweise Beethoven's und auf Anderes braucht hier nicht näher eingegangen zu werden. Es ist darüber an einem andern Orte genug gesagt worden. Nur Eines möge in Erinnerung gebracht werden. Dass die in einem Skizzenbuche berührten Compositionen in der Reihe vorgenommen wurden, in der sie erscheinen, ist nicht zu bezweifeln. Jedoch wurden die Seiten nicht immer in der Reihenfolge beschrieben, in der sie erscheinen. Beethoven pflegte, wenn er ein neues Stück in Angriff nahm, damit eine neue Seite anzufangen und zur Fortsetzung oder Vollendung einer früher begonnenen Arbeit vorhergehende Seiten leer zu lassen. Wenn nun an beiden Compositionen gleichzeitig oder abwechselnd gearbeitet wurde und sich zur Fortsetzung der zuletzt angefangenen kein Platz mehr fand, so konnte es geschehen, dass dazu früher leer gebliebene Stellen benutzt wurden, so dass schliesslich die Skizzen zu verschiedenen Compositionen durcheinander geriethen. Aus solcher Kreuzung der Skizzengruppen ist also nicht immer der Schluss zu ziehen, dass die zuerst erscheinenden Skizzen früher geschrieben wurden, als später erscheinende. Ein Fall dieser Art kommt gleich im Anfang des Skizzenbuches vor.

Wo Varianten bei einer Skizze vorkommen, sind erstere in unserer Wiedergabe theils über den Stellen, zu denen sie gehören, angebracht, theils sind sie der Skizze angehängt oder noch später angebracht, und weisen theils Zeichen, theils die getrennten Sylben des Wortes »Vi-de«, theils das Wort »oder« auf die Zusammengehörigkeit hin. Wo in oder am Ende einer Skizze »etc.« steht, ist es nach Beethoven's Hand. Skizzen, die bei der Herausgabe gekürzt wurden, ist am Ende ein »u. s. w.« beigefügt. Stellen, deren Lesart zweifelhaft ist, sind mit einem Fragezeichen versehen worden. Vor manchen Noten fehlen Versetzungszeichen, und ist deren Beifügung dem Leser überlassen. Das chronologische und bibliographische Material ist in den am Schlusse stehenden »Anmerkungen« niedergelegt. Dort möge der Leser auch Kenntniss nehmen von einem chronologischen Ergebniss, das wir dem Skizzenbuch trotz seiner sonstigen chronologischen Unsicherheit zu verdanken haben. Auch soll nicht verschwiegen werden, dass, wo es bei den Erklärungen der Skizzen darauf ankommt, das Ziel zu bezeichnen, das Beethoven im Auge hatte oder haben konnte, wir stillschweigend meistens zur Partitur greifen werden. Der Weg der Abstraction würde oft unsicher sein, und die Partitur macht aus der Lösung keiner Aufgabe ein Geheimniss.

Wir nehmen nun das Skizzenbuch vor.

Es beginnt (Seite 1) mit unbekannten Entwürfen, darunter der Anfang eines Liedes (»Zur Erde sank die Ruh' vom Himmel nieder«), und (S. 2, 3, 5) mit Entwürfen zu den Variationen für Pianoforte über das Lied »*Rule Britannia*«. Letztere Entwürfe sind ganz in der Art, wie die zu ähnlichen Variationenwerken Beethoven's. Zuerst wird eine Anzahl verschiedener Motive hingeschrieben, die den Variationen zu Grunde liegen und meistens ihren Anfang bilden sollen, und später wird ein Theil davon ausgeführt[1]).

Zwischen und unmittelbar nach diesen Skizzen erscheinen (S. 3 bis 10) kleine, unzusammenhängende Skizzen zum 1., 2. und 4. Satz der *Sinfonia eroica*, die jedoch später niedergeschrieben wurden, als die ihnen zunächst folgenden Skizzen. Was daraus zu erwähnen ist, wird später erwähnt werden.

Die dann folgenden Skizzen (S. 10 bis 41) beziehen sich fast ausschliesslich auf den ersten Satz der *Sinfonia eroica*. Eine Skizze, die den ganzen ersten Satz wiedergäbe, kommt nicht vor. Die grössten Skizzen, die vorkommen, beziehen sich immer nur auf einen Theil. Zum ersten Theil gehören vier grosse Skizzen, jede mit Varianten versehen, und eine grosse Anzahl kleiner Skizzen.

Die erste von den grossen Skizzen (S. 11),

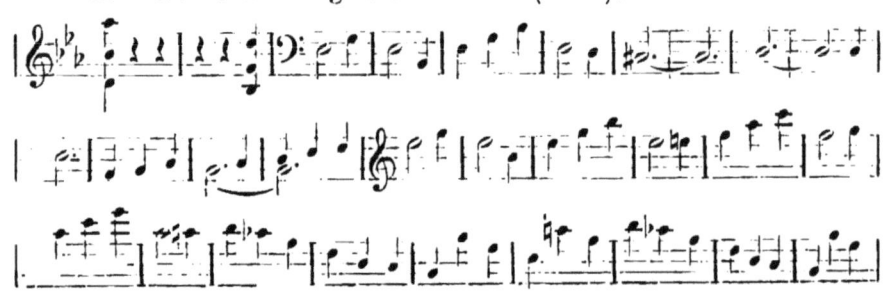

die kurz vor Schluss des Theils abbricht, ist von allen vorkommenden Skizzen am meisten geeignet, den Standpunkt zu kennzeichnen, auf dem sich die Arbeit befand, als Beethoven das Skizzenbuch in Angriff nahm. Sie beweist, dass, als sie geschrieben wurde, die Arbeit schon ziemlich vorgerückt war. Letztere muss also an einem anderen Orte begonnen worden sein. Es ist möglich, dass wir hier überhaupt die erste zusammenhängende grössere Skizze zum ersten Theil vor uns haben, in der die in einem früheren Skizzenbuche vorkommenden kleinen Skizzen zusammengefasst sind. In der ersten Hälfte der Skizze sind die wichtigeren Themen und Motive mehr oder weniger kenntlich angedeutet. Übereinstimmung mit der gedruckten Form zeigt sich am meisten (Takt 3 f.) im Anfang der Hauptpartie und (Takt 55 f.) bei der Melodie des ersten Seitensatzes. Dagegen liegt, mit Ausnahme einiger Motive, die zweite Hälfte noch wie in weiter Ferne. Der Modulationsgang im Ganzen ist festgestellt, und die Folge der Themen und Gänge, wenn sie auch zum Theil noch lange nicht die endgiltige Fassung haben, ist bestimmt. Verfolgen wir nun die Wandlungen, welche die einzelnen Glieder und Bestandtheile durchzumachen hatten.

Die ersten zwei Takte hat Beethoven später

geändert. In den noch folgenden Skizzen, die sich mit dem Anfang des Theils beschäftigen, kommen die zwei Takte, sowohl in der ursprünglichen als in der geänderten Form, nicht mehr vor; eben so wenig die zwei Accorde, welche die Partitur als Einleitung bringt. Es scheint demnach, dass letztere erst hinzugefügt wurden, als der Satz in den Skizzen fertig war.

Vergleicht man die Skizze in Betreff der Führung des Hauptthemas mit der Partitur, so findet man u. A., dass dort das Hauptthema das dritte Mal in B-dur, hier wieder in Es-dur aufgestellt wird. Eine Übereinstimmung mit der gedruckten Fassung bietet eine zur Skizze gehörende Variante (S. 10)

Beethoven ist aber nicht auf dem in diesen Skizzen eingeschlagenen Wege geblieben. In zwei später vorzuführenden Skizzen (S. 14 u. 20) wird das Hauptthema viermal und das vierte Mal wieder in B-dur gebracht. Der Grund, warum Beethoven schliesslich von der öfteren Wiederholung und von der Aufstellung des Themas in B-dur zurückkam, scheint uns nahe zu liegen. Ein dreimaliges Vorführen des Themas genügte zu dessen Einprägung, und durch die Vorwegnahme der Tonart B-dur wäre der in derselben Tonart erfolgende Eintritt der Seitenpartie geschwächt worden.

In den ersten vier Takten der vorhin vorgelegten Variante hat sich ein Motiv eingestellt, das (mit Verlängerung seiner 10. Note) später im zweiten Theil seine Verwendung finden sollte und durch das auch für die Hauptpartie ein Element des Kontrastes gegen das an sich ruhige Hauptthema gewonnen wurde. In der dritten grossen Skizze (S. 14 f.)

sind auch die so wirksamen Synkopen hinzugetreten. Damit kann die Hauptpartie in ihren wesentlichen Zügen als fertig betrachtet werden. Das Skizzenbuch bringt keine Skizzen mehr, die auf sie bezogen werden könnten.

Der von der Haupt- zur Seitenpartie überleitende Satz, der in der ersten grossen Skizze (Takt 43 bis 54) und in der dazu gehörenden Variante noch lückenhaft und mit einem hauptsächlich aus Viertelnoten bestehenden Motiv angedeutet war, fand in der zweiten grossen Skizze das ihm jetzt zu Grunde liegende rhythmische Motiv. Beethoven mag das Motiv in seiner früheren Fassung deshalb ungünstig gefunden haben, weil es mit seinen gleichwährenden Noten nicht geeignet erschien, die ebenfalls Viertelnoten enthaltenden Themen der Haupt- und ersten Seitenpartie genügend zu trennen. Mit anderer Führung des Motivs wurde in der dritten und vierten grossen Skizze die endgiltige Form erst annähernd, dann im Wesentlichen ganz erreicht.

Die Melodie des ersten Seitensatzes bedurfte, wie die zuletzt gebrachten Skizzen zeigen, wenig Änderungen, um ganz die endgiltige Form zu erreichen. Dagegen hat der sich ihm anschliessende, zum zweiten Seitensatz führende Gang längere Zeit gebraucht, um die geschwungene Linie und die Ausdehnung zu finden, in der wir ihn kennen. Wie er in der ersten grossen Skizze (Takt 59 f.) erscheint, war daran noch viel zu thun übrig. Bemerkenswerth ist, dass fast in allen auf die Ausarbeitung dieser Stelle gerichteten Skizzen, so verschieden sie auch von der ersten Skizze sind, das in dieser ersten Skizze aufgestellte rhythmische Motiv beibehalten ist. In der zweiten grossen Skizze ist das Motiv anders gelegt, als in der ersten. Jedoch kommt der Gang hier aus dem Stocken kaum heraus. An derselben und an andern Eigenschaften leiden einige kleine Skizzen, die wir übergehen. Der gedruckten Form am nächsten wird der Gang in der dritten und vierten grossen Skizze gebracht; nur war in jener am Schluss noch etwas zu thun, und in dieser wird die vorwärts drängende Bewegung, welche dem Gange von Anfang an und als solchem eigen ist, in der Mitte durch die Wiederholung eines Taktes aufgehalten.

Die Achtelbewegung, welche dem zweiten Seitensatz in der ersten grossen Skizze zugetheilt ist, ist in der dazu gehörenden Variante mit einer Bewegung in Viertelnoten vertauscht worden. In letzterer besteht das Thema aus zwei viertaktigen Abschnitten. In der zweiten grossen Skizze sind die Abschnitte des Themas verlängert worden, und in der dritten Skizze ist das Thema zu drei und mehr Abschnitten erweitert worden. Hier macht sich ein Streben nach Ausweitung bemerkbar. In letzterwähnter Skizze geschieht die Ausweitung hauptsächlich durch Wiederholung. Der erste viertaktige Abschnitt des Themas kehrt als dritter in der höheren Octave wieder. Diese Wiederholung ist nicht begründet, wenigstens nicht nothwendig. Dem in seinen wiederholten Viertelnoten so einfachen Thema lässt sich ein Zug nach Umbildung, nicht nach blosser Wiederholung beimessen. Sein Inhalt konnte in zwei viertaktigen Abschnitten zur Genüge hingestellt sein. Wirksam wiederholt konnte das Thema werden, wenn es in einer andern Färbung erschien, und eine solche Färbung konnte durch Versetzung in die gleichstufige Molltonart erreicht werden. Dies ist in einer zur dritten grossen Skizze gehörenden Variante (S. 15)

geschehen. (Dass hier zu Anfang die Tonart B-moll gemeint ist, ergiebt sich aus dem Zusammenhang.) Von nun an wird das Thema bei seiner Wiederholung immer in B-moll aufgestellt, und mit dieser Wendung war der Weg zu einer neuen Fassung eingeschlagen.

Mehrere der nächstfolgenden Skizzen (S. 15 bis 18), von denen diese (S. 18)

die letzte ist, beschäftigen sich damit, den matten oder klagenden Gang (in F-moll), in den das in B-moll aufgestellte Thema des zweiten Seitensatzes in jener Variante (Takt 12 f.) ausläuft und der an einer andern Stelle und in etwas anderer Gestalt auch in der dritten grossen Skizze vorkommt, anders zu wenden und ihm eine andere Folge zu geben. Dann hat Beethoven, wie die vierte grosse Skizze zeigt, sich von dem Gange frei gemacht und den Stoff zur Weiterführung des Themas aus diesem selber genommen. Dadurch, besonders durch die Benutzung des aus dem Thema genommenen Motives hat der Seitensatz an Einheit und Festigkeit gewonnen.

Es folgen nur noch einige Skizzen, die sich schnell der endgiltigen Form nähern. Hier (S. 22 und 23)

haben die ersten vier Takte des Seitensatzes ihre endgiltige Form gefunden, und hier (S. 26)

hat das Thema, dem man in den bisherigen Fassungen eher den Namen einer Aneinanderreihung melodischer Abschnitte als den einer eigentlichen Melodie geben kann, eine feste, periodenmässige Gestalt bekommen.

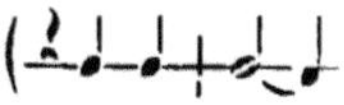

Die letzten Skizzen geben noch zu einigen Bemerkungen Anlass. In der zur zuletzt vorgeführten Skizze gehörenden Variante ist (Takt 1 bis 9) der Nachsatz, in den sich die in B-moll eintretende Periode auflöst, bis auf den zum Schlusssatz führenden Gang in Achtelnoten, aus zwei dem Thema des zweiten Seitensatzes entnommenen Motiven (♩ ♩ ♩ ♩ ♩ ♩ und ♩ ♩ ♩) gebildet. Man bemerke, dass das erste dieser Motive aus drei gleichstufigen Noten und einem Secundenschritt abwärts besteht. In der Partitur sieht die Stelle etwas anders aus. Hier (in der Partitur) wird die Bewegung zweimal

durch geschliffene verschiedenstufige Noten unterbrochen. Jenes Motiv erscheint also hier melodisch verändert. Durch diese Veränderung, durch das Preisgeben der im eigentlichen Wortsinne »motivirten« Fassung ist ein feiner, schöner Zug gewonnen. Das dann folgende zweite Motiv tritt mit seinem stockenden Rhythmus um so wirksamer ein. Liefert aber jene Skizze nicht einen Commentar zur gedruckten Lesart? — Letztere ist im Skizzenbuche nicht zu finden, woraus hervorgeht, dass sie später entstand.

Die zweite Bemerkung führt uns auf die erste grosse Skizze zurück. Von allen vorhandenen Skizzen ist sie diejenige, in der wir die erste Conception des Theils vor uns haben und die uns die ursprüngliche Idee des Componisten am treuesten wiedergiebt. So unähnlich die Skizze auch der endgiltigen Fassung ist, so enthält sie doch manche Züge, welche in anderer Form in die Partitur übergegangen sind. Wir brauchen nur an die einleitenden zwei Takte zu erinnern, welche nur jene Skizze hat und welche dann erst wieder mit einer andern Füllung in der Partitur zum Vorschein kommen. Verfolgt man den Weg, den die Modulation in ihr nimmt, so wird es Einem nicht entgehen, dass die entfernteste Tonart, welche in ihr berührt wird, die Tonart Des-dur ist und dass die Wendung nach dieser Tonart im Verlauf des zweiten Seitensatzes Statt findet. In den nächstfolgenden Skizzen ist ein Streben, jene Tonart zu erreichen, nicht bemerkbar, wohl aber in späteren Skizzen. Man braucht nur die zwei zuletzt (nach Seite 22, 23 und 26 des Skizzenbuches) mitgetheilten Skizzen zu sehen, in denen die Wendung nach Des-dur an derselben Stelle erfolgt, wo sie in der ersten Skizze geschieht, und in denen wiederum Des-dur die einzige entlegene Tonart ist, in welche im Verlauf des ersten Theils ausgewichen wird. Ein unmittelbarer Zusammenhang zwischen der ursprünglichen und endgiltigen Fassung ist demnach nicht nachweisbar; aber merkwürdig ist doch die modulatorische Übereinstimmung zwischen ihnen. Wenn man der ersten Skizze eine prophetische Bedeutung beilegen will, so wird man die in ihr niedergelegte Idee, was die Modulation betrifft, in anderer Form in der Partitur verwirklicht sehen.

Je mehr wir uns dem Ende des Theils nähern, je zahlreicher werden die Skizzen. Am zahlreichsten sind die zur Schlusspartie, und es ist bei den vielen Erscheinungen, die sich darbieten, nicht leicht, den leitenden Faden nicht zu verlieren.

In der ersten grossen Skizze und ihrer Variante erscheint die Schlusspartie (vorausgesetzt, dass man das, was da dem zweiten Seitensatz folgt, so nennen kann) als eine Zusammenstellung und Auf- und Abwärtsführung einiger Motive, aus der sich als feste tonische Masse nur das gegen Ende des Theils auftauchende Schlusssätzchen und das ihm folgende Hauptthema hervorhebt. Ausserdem hat sich bei der weiteren Ausbildung der Schlusspartie nur ein kurzer Zickzackgang in Achtelnoten und die ganghafte Fortführung des dritten Taktes des Hauptthemas als lebensfähig erwiesen. (Den in erwähnter Variante dem Thema des zweiten Seitensatzes folgenden Achtelnoten ist ein aus dem dritten Takte des Hauptthemas gebildeter Bassgang unterzulegen.) Nun konnte auf die Gestaltung der Schlusspartie die des zweiten Seitensatzes nicht ohne Einfluss bleiben. Eine Wendung ist schon bei der zweiten grossen Skizze wahrzunehmen. Der zweite Seitensatz hatte hier an Ausdehnung und an Bestimmtheit des Inhalts gewonnen, und der Schlusssatz gewann an Ausdehnung und an Verschiedenheit der benutzten Motive. Der zweite Seitensatz hatte durch den chromatischen Gang, in den er ausläuft, einen wehmüthigen Zug bekommen. Sollte er eine trübe Erinnerung an den abgeschiedenen Helden aussprechen? Es scheint fast so. Jener Gang drängte vorwärts zu einem festen Körper. Was konnte ihm Besseres entgegengebracht werden, als (wie es in erwähnter zweiter Skizze geschieht) das Hauptthema, der »Heldengedanke« selbst, der nun, gleichsam tröstend und leise mahnend, *pianissimo* eintritt?

Beethoven ist einige Zeit dabei geblieben, den Schlusssatz hauptsächlich auf das Hauptthema und auf Theile desselben zu gründen. Man sieht das in einigen Skizzen, in denen jedoch das Hauptthema nicht, wie in der zweiten Skizze, in B-dur, sondern in Es-dur eingeführt wird, zunächst in dieser abgebrochenen Skizze (S. 11),

dann in der dritten grossen Skizze, dann in dieser Skizze (S. 16):

Die Theile des Hauptthemas, welche in diesen und andern Skizzen zur Verwendung kommen und gangartig benutzt werden, sind theils der dritte und vierte, theils der dritte Takt desselben. Zu den in der dritten grossen Skizze dem Hauptthema bald folgenden, im Violinschlüssel geschriebenen synkopirten Noten hat man sich z. B. auch einen aus dem dritten Takt des Hauptthemas gebildeten Bassgang zu denken.)

Bei der zuletzt mitgetheilten Skizze müssen wir etwas verweilen. Diese Skizze, zu der man sich den zweiten Seitensatz in der Fassung, wo derselbe, wie in der zweiten grossen Skizze, in einen chromatischen Gang abwärts ausläuft, als vorhergehend zu denken hat, ist die erste, in welcher drei aus verschiedenen Motiven gebildete gangartige Abschnitte auftreten, welche in derselben Folge, aber anders gefasst, in die Partitur übergegangen sind. Diese Glieder oder Abschnitte, die aber, bis sie die letztwillige Fassung erhielten, fortwährend der Veränderung unterlagen, sind: 1) ein ab- und aufwärts geführter Gang in Achtelnoten, 2) ein hauptsächlich aus dem Motiv | ♪ ♩ ♩ | gebildeter Gang, und 3) wiederholte Accorde mit dem ¾taktigen Rhythmus | ♪ ♩ ♪ | ♪ ♪ ♩ |. Die Figur, die dem Gange in Achtelnoten hauptsächlich zu Grunde liegt, ist schon in der ersten grossen Skizze enthalten, kommt aber zum ersten Mal in der obigen Skizze wieder zum Vorschein. Die den zwei andern Abschnitten zu Grunde liegenden Motive sind an dieser Stelle als neu zu betrachten. Man könnte den Ursprung des ersten von ihnen im Thema des zweiten Seitensatzes suchen, wenn nicht einige kleine Skizzen, z. B. diese S. 14),

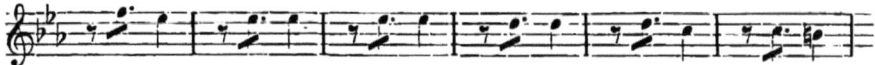

und dann der Unterschied, dass das im Schlusssatz verwendete Motiv einen Secundenschritt macht, das dem Thema des zweiten Seitensatzes zu Grunde liegende aber in allen bisher geschriebenen Skizzen gleichstufig ist, dagegen sprächen und auf einen eigenen Ursprung hinwiesen. Betrachtet man nun die Skizze in ihrem ganzen Verlauf und in ihrem Zusammenhang, so lässt sich Folgen les wahrnehmen. In ihr erscheint das Hauptthema, gangartig eingeflochten (in Es-dur) und umgeben von Versetzungen seines dritten und vierten Taktes. Es wird wie eine Vision vorübergeführt. Diese Überleitung vom zweiten Seitensatz zum Schlusssatz hat etwas Verschwommenes an sich. Man muss der Skizze die Kraft beimessen, es einleuchtend zu machen, dass eine so ganghafte Überleitung, dass ein fortwährendes Aneinanderreihen von Gängen, die aus verschiedenen Motiven und Figuren gebildet sind, nicht geeignet sei, die ebenfalls gangartig eingerichtete Schlusspartie mit ihren kräftigen Motiven, mit ihrem Schwung und ihrer Fülle in ein gehöriges Licht zu stellen, dass ein günstiges Verhältniss zwischen den inhaltlich so verschiedenen und reichen Partien nur gewonnen werden konnte, wenn zwischen beide eine Scheidewand aufgestellt wird. Diese Scheidewand konnte nur auf tonischer Basis errichtet werden; diese Basis konnte keine andere sein, als der tonische Dreiklang von B-dur; und auf diese Basis gehörte weder ein passagenhaftes, noch ein sich gleichsam einschleichendes, *piano* eintretendes, sondern ein rhythmisch ausgeprägtes und entschieden auftretendes Thema.

Es trat also wieder eine Wendung ein. Beethoven sucht zur Eröffnung des Schlusssatzes ein neues, für sich bestehendes Thema. In diesem Suchen und Versuchen kommt er nur in so fern auf den früher eingeschlagenen Weg zurück, als er unter den ungefähr 10 verschiedenen Themen, die gefunden werden und von denen einige der zuerst geschriebenen hier (S. 4)

und hier (S. 18)

stehen, einmal in einer Variante (S. 23), deren Anfang früher (Seite 17 dieser Abhandlung) mitgetheilt wurde.

ein Thema aufstellt, das aus den zwei ersten Takten des Hauptthemas gebildet ist. Wenn man die zuerst entstandenen Themen mit den später entstandenen vergleicht, so kann man die Bemerkung machen, dass letztere im Allgemeinen weitere Intervallschritte haben, als die früheren, und damit einen energischen Zug aufweisen, den die früheren nicht haben. Wir suchen den Grund dieser Erscheinung in der Heranbildung des zweiten Seitensatzes, der mit seiner trüben Färbung und mit dem concentrirten Wesen, das er allmählich erlangte, einen kräftig und energisch beginnenden Schlusssatz nach sich zu erheischen schien. Dass nun Beethoven dabei blieb, den Schlusssatz mit einem für sich bestehenden Thema zu beginnen, darin konnte er, ausser durch die Rücksicht auf den sich immer anders gestaltenden zweiten Seitensatz, auch bestärkt werden durch die Erwägung, dass eine Anticipation des Hauptthemas dem zweiten Theil gegenüber, der inzwischen in Angriff genommen war und in dem das Hauptthema zur Durchführung gelangen sollte, nicht rathsam sei.

Mit der Aufstellung eines ausgeprägten Themas war die Arbeit in eine neue Phase getreten. Ein Knotenpunkt hatte sich gebildet, in den die Linien aus zwei verschiedenen Richtungen zusammenlaufen mussten und der nach jeder dieser Richtungen hin nicht ohne Einfluss bleiben konnte. Im Allgemeinen unterscheiden sich die nun folgenden Skizzen zum Schlusssatz von den früheren durch ein zunehmendes Streben nach Mannigfaltigkeit des Inhalts. Ein Verfahren macht sich in ihnen geltend, das dem in den Skizzen zum zweiten Seitensatz beobachteten entgegengesetzt ist. Letztere zeigen, in ihrer Aufeinanderfolge betrachtet, eine zunehmende Beschränkung in der Wahl, nicht in der Behandlung des Stoffes. Die zur Weiterführung benutzten Motive werden schliesslich dem Thema selbst entnommen. In den Skizzen zum Schlusssatz hingegen wird das eröffnende Thema zu motivischer Fortführung nicht benutzt, sondern neue, andere Motive werden herangezogen. Es galt hier, durch Vorführung verschiedener Bilder, von denen eines das andere verdrängte, dem zusammengefassten Wesen des zweiten Seitensatzes ein Gegengewicht zu schaffen, mit andern Worten, dem Schlusssatz zu geben, was dem zweiten Seitensatz an Schwung und Beweglichkeit fehlte. Von einer Einflechtung einzelner Theile des Hauptthemas wird vor der Hand abgesehen. Dagegen treten die in einer früher (nach Seite 16 des Skizzenbuches) mitgetheilten Skizze zum ersten Mal vereint aufgestellten drei gangartigen Abschnitte in den Vordergrund.

Man würde irren, wollte man annehmen, Beethoven habe, nachdem jene drei der Schlusspartie so wichtigen Elemente gefunden waren und nachdem die Aufstellung eines besonderen Eröffnungsthemas entschieden war, den geraden Weg zur endgiltigen Fassung eingeschlagen. Im Gegentheil, es ging nicht ohne Krümmungen ab. Wir beschränken uns hier auf die Darlegung der wichtigeren Erscheinungen. Schon in einer der nächstfolgenden Skizzen (S. 18),

der ersten grösseren, in welcher die Schlusspartie mit einem für sich bestehenden Thema an der Spitze erscheint, und in dieser bald folgenden Skizze (S. 18), deren Anfang früher (S. 16 dieser Abhandlung) mitgetheilt wurde,

zeigt sich im weitern Verlauf kein Fortschritt. Den Gängen, welche in diesen Skizzen nach dem variirt und unvariirt wiederholten Anfangsthema der Schlusspartie gebracht werden, fehlt es an Schwung und Fluss. Schuld daran ist am meisten das Verharren in einer Lage, das Liegenbleiben auf einer Harmonie. Von der Bildung dieses ersten Ganges hing das Folgende ab. In der bald folgenden vierten grossen Skizze wird ein neues Motiv herangezogen, das in der Umbildung, die in einer zur Skizze gehörenden Variante (S. 21)

damit vorgenommen wird, sich als ein Theil des Hauptthemas entpuppt. Beethoven ist also hier auf einen früheren Gedanken zurückgekommen; denn das herangezogene Motiv ist im Grunde dasselbe, das in früheren Skizzen zur Schlusspartie eine Rolle spielte, dann aber aufgegeben wurde. Von nun an wird das Motiv wieder gepflegt. Eine Ausnahme bietet diese Skizze (S. 22), in der es nicht vorkommt. In vorstehender Skizze ist eine merkliche Annäherung an die gedruckte Fassung geschehen. In der Stelle vom 9. bis zum 25. Takt haben die früher gewonnenen (Seite 20 dieser Abhandlung erwähnten) drei Motive ihre Fortführung gefunden und damit die endgiltige Fassung erreicht. Eine Ausnahme macht der erste Gang, der in der Skizze länger ist, als im Druck. Jedoch ist dieser Unterschied nicht als wesentlich zu betrachten. Die Hauptsache ist, dass der Gang bei seiner stetig empordringenden Fortführung die bei jedem Taktviertel wechselnde Harmonie gefunden und damit die Fähigkeit erlangt hat, die dann folgenden, durch Viertelpausen unterbrochenen Schläge wirksam einzuführen. Das Gefundene stand aber noch nicht sicher. Beethoven hat noch andere Wendungen gesucht. Man sehe diese Skizze (S. 26).

In dieser Skizze und deren Variante ist das in der vorigen Skizze übergangene Motiv wieder aufgenommen, jedoch ist durch Kürzung der dritte Takt des Hauptthemas daraus geworden. Damit und durch Veränderung der Stellung des Motives ist die endgiltige Fassung angebahnt. Hier kann man fragen: wäre Beethoven auf den in der Partitur so bedeutsamen Zug gekommen, wo die durch Viertelpausen unterbrochenen, sich gleichsam entgegenstemmenden Accorde plötzlich durch das in der Tiefe allein auftauchende, dem Hauptthema entnommene Motiv unterbrochen werden, wenn die vielen und verschiedenen Versuche, das Hauptthema oder Theile desselben im Schlusssatz zu verwenden, nicht vorhergegangen wären?

Noch ist eine Erscheinung zu erwähnen. Beethoven hat in den letzten Skizzen zur Variirung des Anfangsthemas der Schlusspartie die Figur benutzt, mit welcher der dann folgende Gang anfängt. Dadurch, dass der Gang als ein Ausläufer des variirten Themas erscheint, stellt sich der Anfang der Schlusspartie bis zum Eintritt der Viertelnoten als ein motivisch zusammenhängendes Ganzes dar. In der Partitur ist diese Verkittung nicht. Das Anfangsthema ist zwar variirt, aber so, dass der Gang ohne motivischen Zusammenhang mit dem Vorhergehenden erscheint. Beethoven muss wohl seine guten Gründe zum Verlassen der skizzirten Fassung gehabt haben. Vielleicht verliess er sie deswegen, weil die variirenden Achtelnoten der Entschiedenheit, mit welcher die Schlusspartie beginnen sollte, weniger gemäss waren, als die längeren und einschneidenden punktirten Noten der gedruckten Fassung.

Es folgen noch einige kleine Skizzen, die von geringerer Bedeutung sind und übergangen werden können. Damit sind die Skizzen zum ersten Theil zu Ende.

Zum zweiten Theil gehören viele kleine und zwei auf den ganzen Theil sich erstreckende Skizzen. Wie anderwärts, so ist auch hier ein Theil der kleinen Skizzen in den grösseren zusammengefasst worden.

Aus den zuerst geschriebenen kleinen Skizzen ergiebt sich, dass, bevor noch sonst ein Zug am zweiten Theil geschehen, die Anbringung der lyrischen Episode in E-moll eine beschlossene Sache war, und zwar sollte die Episode in erwähnter Tonart eintreten. Damit war der Modulation, wenn auch nicht der Weg, so doch die Richtung angegeben, die sie zu nehmen hatte. Jedenfalls musste sie eine weitausgreifende werden.

Ferner stand es bald fest, dass kurz vor Ende des Theiles unterhalb eines Restes der Dominant-Septimen-Harmonie der Anfang des Hauptthemas in der Tonika eintreten sollte. Diese Behauptung hat ihren Grund in einer auf den ersten Blättern des Skizzenbuches (S. 4) stehenden Skizze,

in der der Cumulus vorkommt und deren Beschaffenheit Bürge ist, dass sie geschrieben wurde und dass Beethoven auf jenen eigenthümlichen Gedanken kam, als der zweite Theil in seinen Grundzügen noch lange nicht festgestellt war. Beethoven hat aber auch andere Arten einer mehr oder weniger absonderlichen Einführung des dritten Theils gesucht. Wir legen hier einen Theil der kleineren Skizzen, die zur Geschichte dieser Stelle beitragen können, in der Reihenfolge, in der sie erscheinen, vor. Ein anderer Theil wird später gebracht werden.

Hier (S. 30)

kommt Beethoven auf den Gedanken, das Hauptthema kurz vor Beginn des dritten Theils in der entlegenen Tonart D-dur zu bringen, wird aber dann, wie die angehängte Variante zeigt, andern Sinnes. Es ist möglich, wenn auch nicht wahrscheinlich, dass Beethoven von jenem Gedanken abkam, weil ein durch das Mittel der Modulation wirkender Effekt auch bald darauf angebracht werden sollte und derselbe durch den früheren Übergang geschwächt worden wäre. Wir meinen die Stelle zu Anfang des drittes Theils, wo das Hauptthema erst in Es-dur und dann in F-dur eintritt. Die Dissonanz, welche die obige Variante beim Eintritt des Themas bringt, übertrifft an Schärfe die der gedruckten Lesart. In einer späteren Skizze kommt Beethoven auf dieselbe Dissonanz zurück — ein Beweis, dass der Gedanke einer solchen Zusammenstellung kein blos vorübergehender war und diese Art der Hinüberführung in den dritten Theil wenigstens nebenbei in Erwägung gezogen wurde. Hier (S. 32),

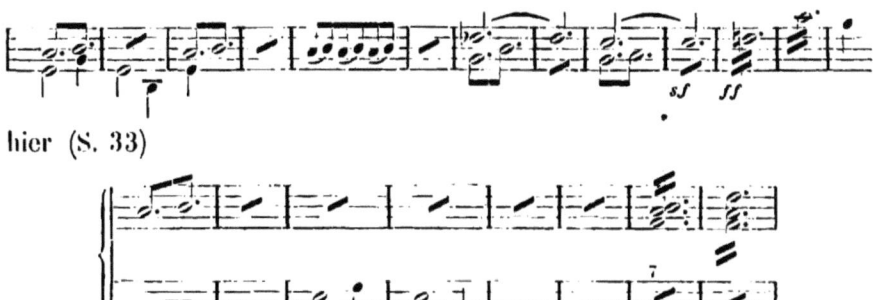

und in andern Skizzen wird mit einigen Änderungen die ursprüngliche Fassung des Cumulus wieder aufgenommen. Hier (S. 35)

ist, statt des Cumulus, ein Lauf angebracht. Auch dieses Mittel wird bald aufgegeben. In bald folgenden, später anzuführenden Skizzen nimmt Beethoven wieder den Cumulus zur weiteren Ausbildung vor, und von dem ist er nicht mehr gewichen.

Wir haben hier drei verschiedene Arten der Hinüberführung zum dritten Theil vor uns. Wenn Beethoven bei der Wahl zwischen der einen und andern Art geschwankt hat, so kann das nicht lange gedauert haben. Ausdrücklich mag noch bemerkt werden, dass keine Skizze vorkommt, aus der sich eine vierte Art ableiten liesse, auf die etwa eine Substituirung des Cumulus, eine Ersetzung der dissonirenden Noten durch consonirende u. s. w., wie man es in neuerer Zeit vorgeschlagen und versucht hat, gegründet werden könnte. Es kann keine Frage sein: Beethoven hat die Stelle mit grösster Absichtlichkeit geschrieben; und wenn man ihre Absonderlichkeit und dass sie gleich anfangs geplant war mit in Rechnung bringt, so kann man in der Ansicht, Beethoven habe damit eine Intention verbunden und es sei ihr eine symbolische Bedeutung beizulegen, nur bestärkt werden. In jener Absichtlichkeit liegt auch die Erklärung der Stelle.

Von den erwähnten zwei grossen Skizzen zum zweiten Theil braucht, da die zweite (S. 38 f.), mit Ausnahme einiger später anzuführenden Stellen, im Wesentlichen mit der gedruckten Fassung übereinstimmt, nur die erste (S. 34 f.) vollständig vorgelegt zu werden.

Vergleicht man diese Skizze mit der Partitur, so wird man finden, dass beider Linien an sechs Punkten genau zusammentreffen und inzwischen divergiren. Die meisten folgenden Skizzen gelten den divergirenden Stellen. Wir folgen dieser Arbeit.

Im 12. Takte jener Skizze lässt Beethoven die ersten Takte des Hauptthemas in C-moll eintreten. In der zweiten grossen Skizze und in der Partitur wird der Hauptgedanke 14 Takte später berührt und ist ihm der Überleitungsgedanke aus dem Anfang des ersten Theils vorangestellt. Der Grund der Änderung mag in Folgendem liegen. Der Anfang des Hauptthemas war noch kurz vor Ende des ersten Theils vorgebracht worden, und diese Nähe bedurfte einer eindringlicheren Vermittelung, als sie das ganz zu Anfang des zweiten Theils erscheinende, hauptsächlich auf der Dominante von C-moll verweilende Zwischenspiel bieten konnte. Das meiste Anrecht, diese Vermittelung zu übernehmen, hatte jener Überleitungsgedanke, weil er von allen bisher vorgekommenen Themen die längste Zeit nicht gebracht worden war. Überdies war er mit seinem hellen Dur geeignet, den in C-moll erfolgenden Eintritt des Hauptgedankens wirksam hervorzuheben.

Die in obiger Skizze der Melodie in E-moll vorhergehenden 14 Takte hat Beethoven hier (S. 38)

und hier (S. 39)

geändert. Vergleicht man diese Fassungen, wie sie der Reihe nach entstanden, miteinander und zieht man noch die Partitur heran, welche die letzte Fassung enthält, so wird man bemerken, dass die Dissonanzen an Schärfe zunehmen und dass die Rhythmen allmählich einschneidender werden und anfangen, wider den Takt zu laufen. Offenbar war es Beethoven darum zu thun, einen Kontrast zur Einführung der elegischen Melodie zu gewinnen, gleichsam das dunkle Blau derselben durch eine vorhergehende grelle Beleuchtung zu heben.

Die später in Es-moll eintretende Melodie der Episode wird hier (S. 38)

anders weitergeführt, als in der ersten grossen Skizze. Die Modulation der Melodie wird hier von As-moll nach Ges-dur geleitet, und mit dem Berühren dieser Tonart ist eine Annäherung an die gedruckte Fassung geschehen. Wir vermissen aber die in der Partitur vorkommende Wendung von Es-moll unmittelbar nach Ges-dur und den dann auf der vierten Stufe der letzteren Tonart erfolgenden schönen Eintritt des Anfangsmotives. In einer zur zuletzt vorgeführten Skizze gehörenden Variante (S. 39)

wird dieser Eintritt gebracht, jedoch geschwächt durch das vorhergehende As-moll. Und so ist denn auch dieser kleine Zug, wie ihn die Partitur bringt, wo die Tonart As-moll übergangen wird, kein Werk des ersten Augenblickes.

Diese auf den Schluss des zweiten Theils zu beziehende Skizze (S. 31)

ist die erste, in der der Cumulus im Zusammenhang mit in die Partitur übergegangenen Motiven vorkommt. An sich betrachtet erscheint die Skizze farblos. In der Partitur liegt gleichsam ein Gebirge zwischen Episode und Cumulus; hier, in der Skizze, ist alles Ebene. Die leisen, getragenen, an Grabesmusik erinnernden Accorde, welche zwischen Episode und Cumulus gestellt sind, geben nur eine harmonische Verbindung jener ebenfalls leise zu spielenden Partien und sind nicht geeignet, dem Cumulus einen wirksamen Eintritt zu bereiten. Hier sollte sich nun Beethoven's Kunst der Farbengebung zeigen. Es fehlte an Licht, und die dunkeln Farben mussten durch helle gehoben werden. Der Cumulus musste durch Reflexe beleuchtet werden, die ihn als Schattenpartie sonderten. Eine blosse Überleitung genügte nicht.

Es musste eine Mittelpartie mit einer bedeutenden Steigerung und mit einer bedeutenden Senkung geschaffen werden. Die Steigerung deswegen, um die beiden Partien von einander zu trennen und abzuheben, die Senkung deswegen, um den Eintritt des Hauptmotives und der wunderlichen Combination vorzubereiten. Dieses Ziel wurde in wenig Schritten erreicht. Schon in der früher vorgeführten ersten grossen Skizze ist ein Streben nach Farbe und Kontrastirung bemerkbar. Eine kräftige Stelle, bei der man sich ein Crescendo und Forte zu denken hat, ist eingefügt, und wird dadurch die Ruhe durch etwas Bewegung unterbrochen.

In dieser Skizze (S. 38)

wird zum ersten Mal der grossartige Bassgang aufgestellt, und ist damit der früheren Verschwommenheit ein Ende gemacht. Das wichtigste Element ist gefunden. In der Skizze begegnen wir auch dem früher vorgekommenen Lauf. Warum ihn Beethoven ausstreicht, ist klar. Der Lauf würde die Ruhe, die dem Eintritt des Cumulus vorhergehen sollte, gestört haben. In einer zu dieser Skizze gehörenden Variante (S. 39)

sind an die Stelle des Laufs vier neue Takte getreten, welche die etwas ins Stocken gerathene Bewegung aufnehmen und fortsetzen. Damit ist die endgiltige Fassung in allen wesentlichen Zügen erreicht. Während Beethoven am zweiten Theil arbeitete, wurde auch der schöne Eintritt des Hauptthemas in F-dur zu Anfang des dritten Theils notirt und wurden die ersten Linien zur Coda gezogen. Auf die Coda beziehen sich mehrere kleine und drei grössere Skizzen. Die grösseren Skizzen sind sehr verschieden. In der ersten Skizze (S. 30) kommt auffallender Weise das Hauptthema vollständig nicht vor. Die zweite Skizze (S. 37) bringt es vollständig und, wie die Partitur, nur in dieser Form:

Diese Skizze stimmt auch darin mit der gedruckten Fassung überein, dass die am längsten nicht zu Gehör gebrachten Themen, nämlich der Bassgang aus dem zweiten Theil und die Themen der Episode und des ersten Seitensatzes in ihr vorgeführt werden. Jedoch ist der Modulationsgang und die Ordnung, in der sie vorgeführt werden, eine andere. Jenem Streben nach thematischer Vollständigkeit ist wenigstens zum Theil die grössere Ausdehnung zuzuschreiben, durch welche sich die aus mehr als 130 Takten bestehende Skizze von der früheren, welche nur ungefähr 80 Takte hat, unterscheidet. Die dann folgende Skizze (S. 41), die aber vielleicht früher geschrieben wurde, als die vorige, ist wieder kleiner und hat das Merkwürdige an sich, dass darin ein ganz neues Motiv aufgestellt wird und das Hauptthema vollständig nicht vorkommt. Durch das Streben nach Fülle, Einheit und Zusammenfassung ist diese Skizze ganz zurückgedrängt worden. Damit sind die Skizzen zum ersten Theil zu Ende.

Als Beethoven am ersten Satz der Symphonie arbeitete, geschahen auch die ersten Ansätze zum zweiten und dritten Satz.

Der Trauermarsch ist, mit Ausnahme des Mittelsatzes in C-dur, bruchstückweise entstanden. Die Melodie des Hauptsatzes musste gleichsam Takt für Takt erobert werden. Den frühesten Stand der Arbeit kann man am besten aus dieser Skizze (S. 6)

kennen lernen. Der zweite Theil beginnt hier mit einem Motiv, das später an einer andern Stelle desselben Theils und in anderer Weise verwendet wurde. Manche Züge, die uns in jener Skizze ganz fremd erscheinen, sind in dieser Skizze (S. 42)

bekannten gewichen. Die Melodie hat in ihrer Gliederung an Klarheit und Festigkeit gewonnen. Diese Skizze ist auch die erste, in der, im Ganzen betrachtet und abgesehen von einzelnen Abweichungen, die verwendeten Motive in der Ordnung erscheinen, in der sie im Druck gebracht werden. Damit war die Gestaltung im Einzelnen aber noch lange nicht fertig. Es beginnt eine Detailarbeit, in der nur wenige Takte von einer Umgestaltung unberührt bleiben. Man sehe hier (S. 43),

dann hier (S. 43)

und zuletzt diese viel geänderte Skizze (S. 49), von der wir jedoch nur ungefähr die Hälfte hersetzen.

Von den hier vorkommenden Umwandlungen können uns besonders diejenigen interessiren, welche den 8. Takt des Hauptthemas betreffen. Man sieht, Beethoven hat geschwankt, ob die Schlusswendung vorhaltartig, oder marschmässig, oder noch anders einzurichten sei.

Dass ein Fugato angebracht werden sollte, war bald eine beschlossene Sache. Drei verschiedene Themen werden dazu aufgestellt (S. 9, 42 und 52).

Jedes derselben, am meisten das dritte, ist zu Durchführungen versucht worden. Beethoven schreibt S. 48):

Nach der ersten Wiederholung, welche nur in einem Minore-Theil besteht, folgt — *Inzwischen noch einmal:*

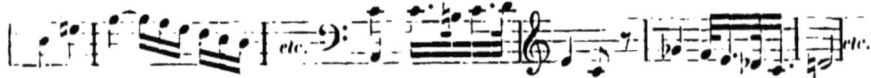

Nach dieser Bemerkung sollte das zweite von den obigen Themen auf der letzten Note des ersten Theils des Hauptsatzes eintreten und sollte dem Fugato der Mittelsatz (Maggiore) oder ein Theil desselben folgen. Später (S. 52) schreibt er:

Hier wurde das dritte Thema gewählt, und sollte dem Fugato unmittelbar der Hauptsatz in C-moll folgen. Bald nach dieser primitiven Einführung des Hauptsatzes beginnen Versuche, denselben auf eine andere Weise einzuführen. Aus diesen Versuchen ist eine grossartige Stelle hervorgegangen. Zwei Skizzen liegen vor, in denen nach einem auf das dritte Thema gebauten Fugato der Anfang der Melodie des Hauptsatzes in G-moll gebracht wird. In der ersten Skizze (S. 53), deren Anfang wir weglassen,

wird die in G-moll eintretende Melodie stufenweise aufwärts bis As und dann abwärts unmittelbar zum Hauptsatz in C-moll geführt. Das ist ein rein melodisches Zwischenspiel. Dieses Zwischenspiel wird in einer zur Skizze gehörenden Variante

unterbrochen. Die Note As wird festgehalten, in die Tiefe verlegt, und daran knüpfen die Bässe, als wenn sie eine nahende Katastrophe ankündigen wollten, einen wuchtigen Gang in Triolenbewegung, der aufwärts und ins Thema leitet. Die zweite Skizze lautet im Wesentlichen nicht anders, als jene Variante. Später hat Beethoven, was aber erst in der Partitur ersichtlich ist, den Gang, statt ihn ins Thema zu leiten, als Gegenstimme zu dem in einer andern Stimme eintretenden Thema gebraucht. Ob Beethoven die Stelle, so wie sie ist, geschrieben hätte, wenn nicht der Versuch, das Thema melodisch einzuführen, ihm das As entgegengebracht hätte?

Ein anderes Zwischenspiel, die Überleitung vom Maggiore zum wiedereintretenden Hauptsatz, die in der Partitur aussieht, als wenn sie von Anfang an nicht hätte anders sein können, ist ebenfalls auf einem Umwege gefunden worden. Die Theile sollten anfangs, wie eine Skizze (S. 50) zeigt, die wir vom vorvorletzten Takt des Maggiore an hersetzen,

durch einen den Schlusstakt des Maggiore ausfüllenden Gang der einfachsten Art verbunden werden. In später geschriebenen Skizzen, z. B. in diesen (S. 51 und 53), die auf der Schlussnote des Maggiore beginnen,

sind Takte eingeschoben und ist jener Gang durch Überleitungen, welche einen überwiegend melodischen Zug haben, verdrängt worden. Damit war der erste Schritt zur endgiltigen Fassung geschehen. Letztere ist im Skizzenbuch nicht zu finden. Wenn es die Absicht Beethoven's war, durch ein kurzes Zwischenspiel den Eintritt der Trauermelodie bedeutsam vorzubereiten, so konnten ihm die im Skizzenbuch stehenden Fassungen nicht als genügend erscheinen, weil durch die in ihnen vorherrschende Tonart C-moll der Eintritt des Hauptthemas geschwächt worden wäre. Die jetzige Fassung musste den Vorzug bekommen, weil in ihr die Tonart F-moll, welche zur Vermittelung des offenen Dur des Maggiore mit dem düsteren Moll des Hauptthemas besonders geeignet ist, das Übergewicht hat und weil sie weniger abschweifend ist, als z. B. die letzte der obigen Skizzen.

Der Schluss des Trauermarsches ist auf die verschiedenste Weise entworfen worden. Ungefähr acht Entwürfe (S. 42, 52 u. s. w.) liegen vor. In den zuerst geschriebenen erfolgt der Schluss ungefähr 18 Takte früher, als jetzt. Später geschriebene Entwürfe, z. B. dieser (S. 61),

dessen erste Hälfte mit einigen Veränderungen in die Partitur übergegangen ist, zeigen ein Streben nach Ausdehnung. Auf den Gedanken, das Hauptthema metrisch aufzulösen und so am Schluss zu bringen, ist Beethoven zu allerletzt (S. 92)

gekommen. An die symbolische Bedeutung, die man dieser Coda beilegen will, kann also Beethoven bei Beginn der Composition nicht gedacht haben.

Im Bisherigen sind die Skizzen zum Maggiore übergangen worden. Sie bieten keine besonderen Erscheinungen. Betrachtet man die Skizzen zum Trauermarsch im Ganzen, so gelangt man zu dem Ergebniss, dass, als die Arbeit in Fluss gekommen war, die Bestandtheile des Satzes in der Reihenfolge heranwuchsen, in der sie in der Partitur erscheinen. Dieselbe Erscheinung lässt sich bei den Skizzen zum folgenden Satz beobachten.

Den ersten Ansatz zum Scherzo der Symphonie finden wir (S. 10) in dieser abgebrochenen Skizze.

Weiter geführt, wenn auch vom 2. Takte an abweichend, ist dieser Anfang hier (S. 36).

Der über beiden Skizzen stehende Buchstabe M bedeutet Menuetto. Beethoven hat also einen Mennett nach Art der in früheren Compositionen vorkommenden Menuette oder einen mennett-artigen Satz schreiben wollen. Von dem zuletzt entworfenen Mennett bis zum Scherzo der 3. Symphonie ist ein grosser Schritt. Der Unterschied zwischen beiden Stücken springt in die Augen, wenn man sie hinsichtlich des Tempos, welches sie erfordern, hinsichtlich ihrer Ausdehnung, ihres Charakters u. s. w. miteinander vergleicht. Beethoven ging aber nicht schrittlings vor; er erreichte den Punkt, von dem aus eine Metamorphose vor sich gehen sollte, in einem Sprunge. Er schreibt (S. 42):

und (S. 60):

Das auf den Noten *b c* sich schaukelnde Anfangsmotiv, das so wesentlich zum Scherzo-Charakter beiträgt, ja für denselben entscheidend ist, ist hier gefunden. Die Arbeit schreitet nun rasch vorwärts. Der zweite Theil nimmt schnell an Ausdehnung zu. In einer bald (S. 66) folgenden Skizze hat er eben so viel Takte, wie im Druck. Aus den ihn betreffenden Skizzen greifen wir diejenigen heraus, welche sich auf den Wiedereintritt des Anfangsthemas auf der orgelpunktartig fortschwingenden Dominante von Es-dur beziehen. Die drastische Wirkung und das Bedeutende dieser Stelle scheint uns nicht nur in dem originellen Sprunge von der Dominante von G-moll abwärts zur Terz derselben Tonart und in dem Eintritt des Hauptthemas in der Quart-Sext-Lage, sondern auch darin zu liegen, dass mit dem fortklingenden Tone, welcher zur Aufnahme des Anfangsthemas bestimmt ist, eine Umdeutung aus einer Tonart in eine andere verbunden ist. Wir wollen die Bildungen kennen lernen, die vorhergingen, bis diese zusammenwirkenden Momente gefunden waren. Fünf verschiedene Fassungen liegen vor. In allen ist es auf den Eintritt des Themas zu einer orgelpunktartigen Stimme abgesehen. In den ersten drei Fassungen (S. 60, 61 und 64) (die hier ausgezogenen Stellen beginnen mit dem 8. Takt vor Eintritt des Themas) geschieht der Eintritt jedesmal anders: in der ersten Fassung über dem orgelpunktartig auf der Dominante von Es-dur festgehaltenen Hauptmotiv, in der zweiten auf dem Basstone Es, in der dritten gar unter der fortklingenden Stimme; aber in keiner Fassung gehört die orgelpunktartige Stimme vor Eintritt des Themas einer andern Tonart an, als B- oder Es-dur. In der nun folgenden Skizze (S. 66)

wird die Modulation zum ersten Male nach G-moll geführt und erfolgt der Eintritt des Themas — die Skizze lässt uns darüber im Unklaren — entweder über dem auf der Dominante dieser Tonart fortschwingenden

Hauptmotiv, oder, wie zu Anfang des Satzes, über dem Basstone Es. Im ersten Falle ist die Einführung des Themas in modulatorischer Hinsicht der im ersten Satz des Quartettes in D-dur (Op. 18 Nr. 3) bei Beginn des dritten Theiles vorkommenden ähnlich. In einer zur letzten Skizze gehörenden Variante (S. 67) endlich

sind alle wirkenden Momente beisammen. Später hat Beethoven die in dieser Variante Takt 9, 10, 13 und 14 stehenden oberen Viertelnoten ausgestrichen, das im 13. Takt stehende *ff* in *pp* umgeändert, und damit ist im Wesentlichen die endgiltige Fassung gewonnen. Die Skizzen zeigen, im Ganzen genommen, ein Streben nach Zuspitzung. Sie beweisen, dass Beethoven eine Einführung gewöhnlicher Art nicht wollte.

Von dem Augenblicke an, wo aus dem Menuett ein Presto wurde, war auch das erste Trio nicht mehr haltbar. Beethoven hat wiederholt zu einem neuen Trio angesetzt. Drei verschiedene Entwürfe liegen vor, von denen keiner eine Beziehung zur gedruckten Fassung zulässt. Der Anfang des ersten dieser Entwürfe (S. 42) wurde bereits mitgetheilt. Erst beim vierten Entwurf (S. 65)

ist die endgiltige Form angebahnt. Nicht zu übersehen ist, dass Beethoven in allen diesen letzten Skizzen den drei Hörnern eine hervortretende Rolle zudachte. Im verworfenen Menuett war es umgekehrt. Dort sollten die Hörner im Hauptsatz, nicht im Trio verwendet werden. Beethoven scheint es also von vornherein im Sinne gehabt zu haben, die Hörner im dritten Satz zu beschäftigen.

Der zweite Theil des Trios hat einige Mühe gemacht. In dem vorhin ausgezogenen Entwurf und dann in dieser Skizze (S. 65),

die auch wegen des von der gedruckten Form abweichenden Verhältnisses zwischen Vorder- und Nachsatz des ersten Theils und wegen einer später vorkommenden Hornstelle beachtenswerth ist, ist der Anfang des zweiten Theils aus achttaktigen Abschnitten gebildet. Durch diese Bildung tritt der zweite Theil in ein ungünstiges Verhältniss zum ersten Theil, der in seinem Vorder- und Nachsatz ebenfalls aus achttaktigen Gliedern besteht. In einigen noch folgenden Skizzen ist zwar diese Gleichförmigkeit vermieden, da sie beim Anfang des zweiten Theils eine vier- und zweitaktige Gliederung aufweisen; in Betreff der verwendeten Motive ist aber in ihnen eine Annäherung an die letztwillige Fassung nicht bemerkbar. Zur Erklärung der Entstehung der letzteren wollen wir uns einen andern Zug nicht entgehen lassen. Die zuletzt vorgeführte Skizze enthält im 16. bis 24. Takt des zweiten Theils einen aus zweitaktigen Klauseln gebildeten Gang, der mit denselben Schritten in die Partitur übergegangen ist. Merkwürdigerweise fällt aber der rhythmische Accent in der Skizze auf einen andern Takt, als in der Partitur. Dort fällt er (vom Anfang des Trios gezählt) auf den Anfang der Takte mit gerader, hier mit ungerader Zahl. Wenn wir nun annehmen, Beethoven habe später in der Skizze den zweiten Theil einen Takt früher anfangen lassen, habe dann im zweiten Theil den 2., 4., 6., 10., 12. und 14. Takt gestrichen, den 7. und 8. und ebenso den 15. und 16. Takt je in einen zusammengezogen, so mag uns das genügen, um sowohl die Verlegung des Accentes, als die Entstehung der endgiltigen Fassung zu erklären.

Die Composition des letzten Satzes der Symphonie hat verhältnissmässig weniger Zeit gekostet, als die der andern Sätze. Beethoven war gleich bei Beginn der Arbeit über das zu wählende Thema und über die Form im Ganzen klar. Er schreibt (S. 70) — und das ist die erste Skizze —:

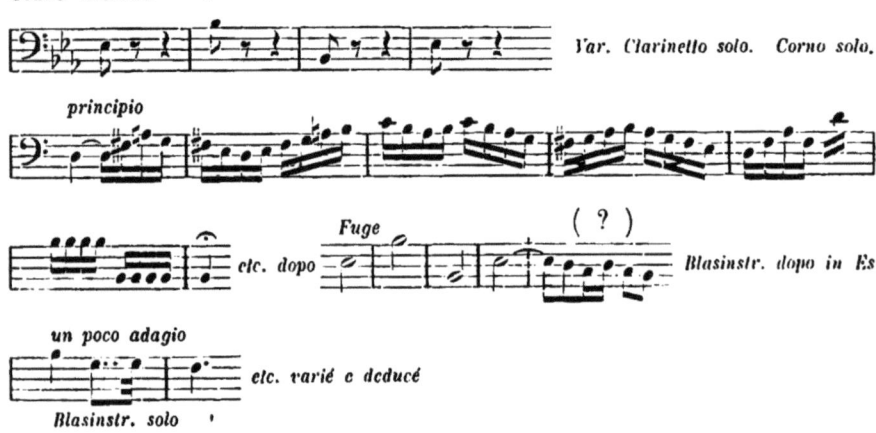

Demnach sollte das Ganze mit einem auf der Dominante von G-moll einsetzenden Vorspiel beginnen; das Bassthema sollte erst einstimmig gebracht, dann variirt und fugirt werden; später sollte ein langsamer Satz mit der Melodie des Themas in der Oberstimme kommen u. s. w. Das ist in wenig Zügen auch der Gang der gedruckten Partitur.

Auf das Vorspiel ist Beethoven wiederholt (S. 71 f.), zum letzten Mal hier (S. 79)

zurückgekommen. Alle Fassungen desselben weichen von einander ab, stimmen aber darin überein, dass sie auf der Dominante von G-moll eintreten und zur Dominante von Es-dur gelangen. Anfangs- und Endpunkt dieser Modulation sind dieselben, die im zweiten Theil des Scherzos bei der Wiedereinführung des Themas vorkommen. Nur ist dieses Verhältniss im Scherzo in einem Sprunge bloss-, im Finale in einem Gange auseinandergelegt. Da die Skizzen zu diesen beiden Stellen nicht weit auseinander stehen und ziemlich zu gleicher Zeit geschrieben sein müssen, so ist die Möglichkeit einer Einflussnahme der einen auf die andere nicht auszuschliessen.

Die übrigen Skizzen sind meistens contrapunktischer Art. Sie beschäftigen sich mit den Variationen, mit dem Fugato, mit Engführungen des Bassthemas u. s. w. Hervorzuheben ist der Mittelsatz in G-moll in seiner ursprünglichen Fassung (S. 71).

Wir sind mit der Betrachtung der Skizzen zur Symphonie zu Ende. Viele Stellen haben ihre endgiltige Fassung im Skizzenbuche nicht gefunden, woraus zu schliessen ist, dass noch einige Zeit vergehen musste, bis Beethoven zur Ausarbeitung des Werkes in Partitur schritt[2].

Wir sind nun, nach Beobachtung der Vorgänge, welche sich an die Entstehung der Symphonie knüpfen, bei einem Punkte angelangt, wo es unternommen werden kann, die wichtigsten Ergebnisse, welche sich aus den verschiedenen Erscheinungen ziehen lassen, zusammenzufassen und in einigen Bemerkungen niederzulegen. Einer Hinweisung auf die einzelnen Stellen, auf die sich die folgenden Behauptungen stützen werden, wird es nicht bedürfen, da vorauszusetzen ist, dass dem Leser die vorgeführten Erscheinungen des Skizzenbuches im Ganzen und Einzelnen gegenwärtig sind. Dreierlei ist zu bemerken.

Erstens. Im Ganzen genommen und abgesehen von einzelnen Stellen, welche von vornherein ins Auge gefasst und gleichsam als Richtscheite aufgestellt waren, sind nicht nur die Sätze der Symphonie, sondern auch deren Theile und die Glieder dieser Theile in der Reihenfolge entstanden und fertig geworden, in der sie im Druck erscheinen. Ungeachtet des eigenthümlichen Verfahrens Beethoven's, stückweise zu arbeiten und entworfene Stellen wiederholt zu ändern, hatte er doch continuirlich ein Ziel vor Augen und waren seine Gedanken auf ein Ganzes gerichtet, mochte auch jenes Ziel näher oder ferner im Dunkeln schweben. Durch das Arbeiten ins Einzelne hinein wurde das Ganze heraus gearbeitet. Das in der Bildung Begriffene war von der Bildung seiner Umgebung abhängig. Das Spätere entwickelte sich aus und an dem Früheren. Das kann man doch organische Entwickelung nennen.

Zweitens. Die *Sinfonia eroica* gilt als dasjenige erste grössere Werk, in dem der spezifisch Beethoven'sche Styl zum Durchbruch kam. Das Skizzenbuch bringt den Beweis, dass, mit sehr beschränkter Ausnahme, alle in der Partitur vorkommende Stellen, die das Gepräge des eigenthümlichen Styles Beethoven's an sich tragen und in denen Schönheit mit Eigenart verbunden ist, dass alle Wendungen und Züge, die, theils durch ihre Grossartigkeit, theils durch ihre Wärme, uns erheben, erschüttern, zu Thränen rühren, nicht ein Werk des ersten Augenblickes waren, sondern erst nach wiederholten Ansätzen und Versuchen und zum grossen Theil mit Mühe zu Tage gefördert wurden. Dies gilt in erster Reihe von denjenigen Stellen, welche sich mit der Entwickelung, Durch- und Fortführung eines aufgestellten Motives oder Themas beschäftigen. Auf die Ausbildung solcher Stellen sind die meisten Skizzen gerichtet, und man wird leicht bemerken, dass die ersten Skizzen zu solchen Stellen wenig oder gar nichts von der Manier oder Eigenthümlichkeit Beethoven's an sich haben, dass sie aber auch ans Gewöhnliche streifen. Doch sind sie gleichsam der Boden, auf dem das Unscheinbare Wurzel fasste und triebfähig wurde. Auszunehmen von dem vorhin Gesagten sind solche Stellen, denen man wohl das Prädicat der Eigenthümlichkeit, aber nicht das der Schönheit beilegen kann und die man auch als Bizarrerien oder Schrullen Beethoven's bezeichnet hat, so z. B. die viel besprochene Hornstelle kurz vor Beginn des dritten Theils des ersten Satzes, der in einem entlegenen Tone geschehende Anfang des letzten Satzes u. s. w.

Drittens. Man hat (wie mir scheint, war Marx der Erste, der es unternahm) auf die Folgerichtigkeit und Vernünftigkeit hingewiesen, welche in den Werken Beethoven's herrscht, und die Beobachtungen, welche in dieser Hinsicht gemacht wurden, haben zu einem unumstösslichen Satze geführt. Das Skizzenbuch bringt das Ergebniss, dass Beethoven über dem ihm vorschwebenden Ideal das Gesetz einer inneren Nothwendigkeit in der Form nicht vergass, dass er in dem langen Processe des Schaffens ästhetische Kritik übte, dass er auch bei einem stets sich verändernden Stoff mit Folgerichtigkeit zu Werke ging. Dieser letzte Satz scheint, was das darin aufgestellte Ergebniss betrifft, ein logischer Ausfluss des vorhergehenden Satzes zu sein und ist es auch. Der eine Satz ist, je nachdem man will, die Voraussetzung oder die Folgerung des anderen. Demnach könnte eine Berufung auf das Skizzenbuch überflüssig erscheinen. Es ist aber doch ein Unterschied, ob ein Satz ein aus einem andern abgeleiteter ist, oder ob er auf besonderen Erscheinungen beruht, ob man diese Erscheinungen und die Modalitäten und Umstände, welche damit verbunden sind, kennen lernt, oder nicht. Das Skizzenbuch giebt genauer, als es die Partitur vermag, Auskunft darüber, was für ein Agens es war, durch das jene Folgerichtigkeit bewirkt wurde. Im Verlaufe dieser Darlegung haben wir mit jenem Agens, jedoch ohne es zu nennen, oft genug zu thun gehabt, und kommt es hier nur darauf an, ihm den rechten Namen zu geben. Zu diesem Behufe genügt es, an eine sich oft wiederholende Erscheinung zu erinnern. Diejenigen Skizzen, bei denen es auf die Fortführung und Ausgestaltung erfundener Themen oder einzelner Züge abgesehen war — und die meisten Skizzen gehören, wie schon erwähnt, dieser Kategorie an — stellen es ausser Zweifel, dass Beethoven beständig ein Folgendes auf ein Vorhergehendes bezog, und umgekehrt. Hieraus erhellt: Beethoven hat reflectirt, und die Kraft, welche ins Spiel gezogen wurde, war der reflectirende Verstand. Die Reflexion aber ist kalt; sie ist nicht schöpferisch und nicht fähig, Schönheit hervorzubringen. Sie ist in der Kunst nicht das Erste und kann es nicht sein. Das Erste bei Beethoven war die Phantasie, und das Letzte war wieder die Phantasie, aber die durch die Reflexion hindurchgegangene Phantasie. Wie beide entgegengesetzte Kräfte sich vereinigen konnten, um zu einem Ziele hin zu wirken, wollen wir zu erklären versuchen. Beide Kräfte arbeiteten getrennt und wechselsweise. Das Bewusstlose vereinigte sich mit dem Besonnenen. Der Verstand prüfte, sichtete, deutete Mängel an, und die schöpferische Kraft gab alles, was jener verlangte, und behauptete dadurch die Freiheit ihrer Operationen und damit ihre Herrschaft. Sie war gefeit gegen jeden hemmenden Einfluss, der ihrem Wesen drohen konnte. Anders, wie bei andern Sterblichen, bei denen die Phantasie während der Arbeit erschlafft, war es bei Beethoven, bei dem die Phantasie ungeschwächt fortarbeitete und sich oft erst im letzten Augenblicke zu ihrem höchsten Fluge erhob. Diese Geschmeidigkeit der Phantasie und der Rigorismus, die Kälte, Besonnenheit und ausdauernde Geduld beim Arbeiten bilden einen Theil der Eigenschaften, auf denen die Grösse Beethoven's beruht und ohne welche Beethoven nicht Beethoven geworden wäre. Ich sage: einen Theil, denn es giebt noch andere Eigenschaften, die an der Grösse Beethoven's participiren und die, mit einiger Beschränkung rücksichtlich der vorhin der Phantasie zugeschriebenen Eigenschaften, sich unter dem Namen Genie zusammenfassen lassen. Zwischen diesen und jenen Eigenschaften ist ein Unterschied. Hier sind es angeborene Fähigkeiten, dort aber errungene Eigenschaften, Eigenschaften, welche nicht mehr dem Individuum und dem Naturell, sondern der Person und dem Charakter zuzuschreiben sind. Und diese letzteren Eigenschaften sind es, deren Thätigkeit auf eine der Betrachtung offen stehende Weise in den Skizzen niedergelegt ist. Im Skizzenbuch fällt der Accent auf die zwischen der ursprünglichen Totalidee und der vollendeten Schöpfung liegende Arbeit.

Nun zum Skizzenbuch zurück.

Zwischen den Arbeiten zur Symphonie finden sich, ausser den früher erwähnten Skizzen zu den Variationen über das englische Volkslied, der Reihe nach: (S. 25) einige Stellen aus Ph. E. Bach's zweichörigen Litaneien [3]), (S. 28 und 29) Entwürfe zu unbekannten Märschen, (S. 44 bis 47, 57 und 58) Entwürfe zu den drei vierhändigen Märschen Op. 45, (S. 59) ein Ansatz zu einem unbekannten Stück für vier Streichinstrumente, (S. 62 und 63) ein Entwurf zu dem Liede: »Das Glück der Freundschaft« Op. 88 und (S. 64)

eine später in der Pastoral-Symphonie verwendete Melodie. Man sieht, Beethoven hat sich in seiner Arbeit zur *Sinfonia eroica* durch wenig Anderes unterbrechen lassen.

Die ersten Skizzen zu den drei vierhändigen Märschen kommen der gedruckten Form wenig nahe. Ganze Theile und viele Stellen daraus sind wiederholt skizzirt und lauten jedesmal anders. Der Anfang des ersten Marsches lautet in seiner ursprünglichen Fassung so:

Aus der Stellung, welche die Skizzen zu den Märschen einnehmen, geht hervor, dass sie während des Arbeitens am Trauermarsch der Symphonie geschrieben wurden. Die erwähnten unbekannten Märsche, von denen einer (S. 28)

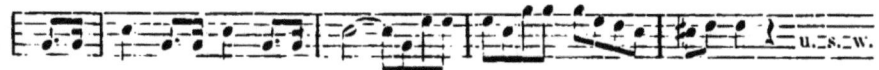

auch noch später (S. 93) vorgenommen wird, scheinen für die nämliche Sammlung bestimmt gewesen zu sein⁴).

Von dem Liede »Das Glück der Freundschaft« schreibt Beethoven den Text und die Singstimme von Anfang bis zu Ende hin. Letztere ist im Violinschlüssel geschrieben, und der beigefügte Text ist nur der deutsche. Da keine kleineren Skizzen vorhergehen und da in dem Entwurf nur wenig geändert ist und derselbe bis auf einige geringfügige Abweichungen mit der gedruckten Form übereinstimmt, so ist mit Sicherheit anzunehmen, dass wir hier nicht einen eigentlichen ersten Entwurf vor uns haben, sondern dass das Lied schon früher fertig war und hier nur, wie es auch bei andern Liedern geschah, behufs der Herausgabe niedergeschrieben wurde⁵).

Den Entwürfen zur *Sinfonia eroica* folgen zunächst ausser einigen kleinen unbekannten Entwürfen: (S. 93) einige kurze Clavier-Übungen, Entwürfe zu einem vorhin angeführten unbekannten Marsch und (S. 96) eine Aufzeichnung,

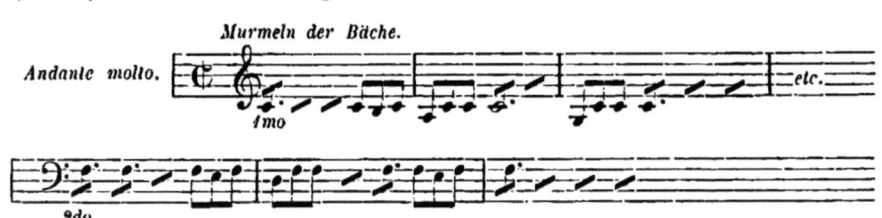

von der wir annehmen, dass sie auf Beethoven's eigener Beobachtung beruht und die gar wohl eine Beziehung zum zweiten Satz der Pastoral-Symphonie zulässt.

Dann kommen (S. 96 bis 120) Arbeiten zu zwei Stücken der Schikaneder'schen Oper, welche Beethoven, bevor er die »Leonore« vornahm, für das Theater an der Wien schreiben wollte⁶). Das zuerst erscheinende Stück ist das unfertig hinterlassene Quartett »Blick, o Herr, durch diese Bäume«, aus dem bekanntlich später eine Melodie in die Oper »Leonore« hinüber genommen wurde. Interessant ist es, diese Melodie in ihren ersten Fassungen (S. 110 f.)

zu sehen. Das andere Stück sollte eine Arie werden, ist aber in den Skizzen liegen geblieben. Aus den vorkommenden Worten,

      Hört, Rachegötter, mich
      Und Rache schenket mir!
      Als Sklave will ich ewig
      Euch zinsbar sein dafür. u. s. w.

die nur dem ungenannten Nebenbuhler in den Mund gelegt sein können, ist zu schliessen, dass die Arie sich jenem Quartett anschliessen sollte, und hieraus ergiebt sich, dass das Quartett nicht, wie an einem andern Orte gemeint wurde, ein Finale sein kann.

    Zwischen den Arbeiten zu den Opernstücken erscheinen: (S. 97) einige hübsche Melodien,

dem Anschein nach Volksmelodien; (S. 107) Tonleiter-Übungen und dergl.; (S. 116) ein angefangenes Adagio für Clavier; Entwürfe zu einem Liede von Gellert,

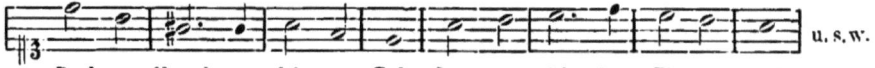

die jedoch mit der gedruckten Composition (Op. 48. Nr. 3) nichts gemein haben [7]); (S. 117) Ansätze zu einer Sonate für Clavier »con Violoncello«; ein kleines unbekanntes Clavierstück; (S. 118) ein zweistimmiger Kanon; der Anfang eines Stückes für »Viole, Velli, Corno e Contrabasso«; (S. 119) eine angefangene mehrstimmige Composition mit dem Text »Tibi gratulor«; (S. 120) der Anfang eines Stückes mit der sonderbaren Überschrift »Quartetto per 4 voci zugleich gut für den letzten Zug vom Pianoforte«, und noch mehrere andere nicht ausgeführte Skizzen. Dass Beethoven an so viele Sachen denken konnte, ist ein

Beweis, dass er sich von jener Opernarbeit nicht drängen liess, im Gegentheil, dass er sich mit neuen Compositionen trug.

Die erwähnten Clavier-Übungen

sind anderwärts vorkommenden ähnlich. Gewiss ist es beim Niederschreiben derselben nicht geblieben, sondern Beethoven wird sie mit andern, die nicht niedergeschrieben wurden, auch gespielt haben. Man darf annehmen, dass diese Pflege des Clavierspiels und die Art der Übungen nicht ohne Einfluss auf die Brillanz und das laufende Wesen einer bald nach ihrer Niederschrift in Angriff genommenen Clavier-Composition geblieben ist.

Diese Composition ist der erste Satz der Sonate in C-dur Op. 53, zu dem die Skizzen (S. 120 bis 132) gleich nach jener Opernarbeit beginnen. Beethoven stürzt sich gleichsam gleich ins Thema hinein.

Damit ist der vorherrschende Charakter festgestellt. Nach und nach finden sich in andern kleinen Skizzen auch die Mittelglieder, und grössere Skizzen fassen das Gefundene zusammen. Die ersten zwei Takte des Hauptthemas erscheinen, wie in obiger Skizze zu sehen ist, im Anfange der Arbeit nur in Sechzehntel-Noten, und erst später, bei der Arbeit am zweiten Theil, erscheinen sie auch in Achtel-Noten. Das im vierten Takt des Hauptthemas auftretende Motiv erscheint, ebenfalls wie in obiger Skizze, immer ohne Vorschlagsnote. Diese Zierde mag also erst bei der Reinschrift beigefügt worden sein. Die Melodie des Seitensatzes (S. 123)

war ursprünglich um einige schöne Züge ärmer. Dass sie hier in G-dur steht, ist kein Beweis, dass sie auch in dieser Tonart eingeflochten werden sollte. Gegen eine solche Annahme würde schon der Umstand sprechen, dass die Skizze nicht im Zusammenhange vorkommt. Andere Stellen, so ein Theil der Überleitungsstelle zum Seitensatz (S. 122)

u. s. w.

und eine Stelle gegen den Schluss des ersten Theils (S. 122),

hatten ursprünglich weniger Fluss, als jetzt. Interessant ist die erste Skizze (S. 123)

zu einer Stelle im Anfang des dritten Theils. Beethoven schiebt, um dem Hauptsatz bei seinem Wiedereintritt eine andere Gestalt und Färbung zu geben, eine in andere, entlegene Tonarten abschweifende Episode ein. Wie überall, so ist auch hier die endgiltige Fassung vorzuziehen. Sie erreicht jenen Zweck auf kürzerem Wege. Durch die in der Skizze geschehende ziemlich lange und sequenzenhafte Fortspinnung eines Nebenmotives wären, zum Schaden der Beweglichkeit, Vorder- und Nachsatz der den Hauptsatz bildenden Periode zu weit auseinander gezogen worden. Bemerkt mag noch werden, dass in der Coda, kurz vor Schluss des Satzes, ursprünglich (S. 131)

kein Ritardando angebracht war. Die im Druck vorkommenden Verzögerungen beruhen auf einer späteren Änderung. Man wird hier der endgiltigen Fassung den Vorzug geben, weil nach den Verzögerungen das gekürzte Hauptthema auf eine merklichere und wirkungsvollere Art zu Gehör gebracht wird.

Die Skizzen zum Sonatensatz werden unterbrochen (S. 121 bis 137) durch Skizzen zum Andante in F-dur für Pianoforte und (S. 126 bis 145) zum letzten Satz der Sonate Op. 53. Damit wird unterstützt und bestätigt, was Ferd. Ries (Biogr. Not. S. 101) mittheilt, das Andante in F-dur habe ursprünglich zur Sonate Op. 53 gehört.

Der Hauptsatz des Andante ist zum Theil aus Combination hervorgegangen. Zuerst (S. 121) wird ein Andante in E-dur angefangen.

Gleich darauf wird wieder angesetzt; der Anfang jener Skizze wird etwas verändert und weiter geführt.

Kurz vor Schluss dieser ebenfalls abgebrochenen Skizze taucht eine Klausel auf, die nun als Kern einer neuen Melodie fest gehalten wird. Beethoven ändert die Tonart, bringt die Klausel zu Anfang und schreibt:

Der erste Theil des Hauptsatzes ist nun nahezu gefunden, nicht aber der zweite Theil. Beethoven kommt hier (S. 125)

auf das Motiv zurück, mit dem in der zweiten Skizze der zweite Theil beginnt, behält aus der dritten Skizze die Tonart Des-dur bei und verändert die darin auftretende Melodie. Die in Des-dur auftretende Melodie wird nun verworfen; eine andere, eine dieselbe frei secundirende (richtiger: primirende) Stimme tritt an deren Stelle, und der Anfang des zweiten Theils bekommt (S. 127)

eine andere Wendung. Damit ist die endgiltige Fassung des zweiten Theils angebahnt, und mit dieser Skizze (S. 131)

ist sie nahezu festgestellt. Aus den übrigen Skizzen lassen sich hervorheben: der erste Entwurf zum Mittelsatz (S. 135),

wo dessen Thema glatter erscheint, als im Druck, und die zwei ersten Entwürfe zur Coda (S. 133 u. 135),

welche zeigen, dass die Berührung der Tonart Ges-dur von vornherein eine beschlossene Sache war, nicht aber das Zurückkommen auf das Hauptthema in dieser Tonart. Letzteres geschieht erst in einer noch folgenden Skizze.

Für den letzten Satz der Sonate Op. 53 war ursprünglich (S. 125)

ein anderer Anfang bestimmt. Beethoven verwarf denselben, behielt jedoch Eines daraus bei: die erste Note und die daran sich knüpfende

Pedalwirkung. Als die erste Skizze zum jetzigen letzten Satz ist diese (S. 134)

zu betrachten. Wie beim ersten Satz, so greift Beethoven auch hier gleich in die Mitte hinein. Damit ist der Kern des Hauptthemas, wenigstens seinem Rhythmus nach, gefunden. Auch wird man bemerken, dass der Gebrauch des Pedales bei der Stelle wesentlich ist. Das Hauptthema musste einige Wandlungen durchmachen, ehe es die endgiltige Fassung fand. Man sehe die verschiedenen Versionen hier (S. 138),

hier (S. 139)

und hier (S. 139).

(Eine Skizze zum Thema findet sich in Wirklichkeit schon mehrere Seiten früher. Sie wurde aber später hingeschrieben. Da sie mit dem Anfang einer der eben gebrachten Skizzen übereinstimmt, so konnte sie hier übergangen werden.)

Auf eine kleine, aber eingreifende Änderung wird man bei Betrachtung der Skizzen zum zweiten Mittelsatz geführt. Eine der ersten Skizzen dazu (S. 136) beginnt so:

Rhythmisch übereinstimmend damit ist eine in der Nähe (S. 136) stehende Skizze. Wir übergehen sie. In einer dann bald folgenden Skizze (S. 141)

ist die Schlussnote des zu Grunde liegenden ersten Motives in zwei Achtelnoten aufgelöst worden. Offenbar dachte sich Beethoven hier nach der achten (nicht nach der siebenten) Note einen Einschnitt. (Ein rhythmisch ähnliches Motiv findet sich im letzten Satz der Sonate Op. 26.) Später hat Beethoven dem zuerst eintretenden Motiv eine Achtelnote vorgesetzt, und dadurch ist der Einschnitt verlegt, der Rhythmus verändert worden.

Sonst ist noch zu bemerken, dass die zu Anfang des ersten Mittelsatzes verwendete Figur ursprünglich (S. 137)

in engerer Lage gedacht war, dass diesem Mittelsatz, wie diese Skizze (S. 139) zeigt,

ursprünglich der Anhang fehlte und dass das Rondo, wie man hier (S. 138) sehen kann,

ursprünglich einen viel kürzeren Schluss bekommen sollte. Der im Druck stehende Anhang (**Prestissimo**), in den Einiges aus jenem Presto übergegangen ist, war ursprünglich auch im ¾-Takt concipirt, und kann Beethoven nur durch die Aufstellung des Hauptthemas in der Vergrösserung auf die Anwendung des ₵-Taktes gebracht worden sein. Wie reich ist aber dieses Prestissimo im Vergleich zu jenem nur auf Tonika und Dominante sich bewegenden Presto!*)

Zwischen den letzten Skizzen zum Rondo finden wir (S. 145) einen Ansatz

Im Früh-lings-schat-ten fand ich sie,

zur Composition des Klopstock'schen Liedes »Das Rosenband« und (S. 145 bis 147) Entwürfe

zu einem ungedruckten Allegretto für Pianoforte*). Inmitten der Arbeit zu diesem Allegretto beginnen (S. 146 bis 155) Entwürfe zur Arie Marzellinens aus der Oper »Leonore«, welchen bald (S. 148 bis 171)

Entwürfe zu den vier nächsten Nummern der Oper folgen. Aus der Stellung der Skizzen ergiebt sich, dass die Arie Marzellinens begonnen wurde, als die Sonate Op. 53 in den Skizzen fertig war. Jedoch kann zwischen dieser Beendigung und jener Vornahme nur kurze Zeit verflossen sein. Dies geht daraus hervor, dass das Allegretto sich im Skizzenbuche sowohl mit dem Rondo der Sonate, als mit der Arie Marzellinens kreuzt. Ohne Zweifel haben wir hier die ersten Arbeiten zur Oper »Leonore« vor uns [10]).

Auf die Arie Marzellinens beziehen sich vier grössere und eine ziemliche Anzahl kleiner Skizzen. Letztere finden sich zum Theil in den grösseren wieder. Die grösseren Skizzen sind an den meisten Stellen verschieden. Die erste derselben (S. 147)

zeigt, mit Ausnahme eines ab- und aufwärts geführten Ganges im Zwischenspiel, keine Ähnlichkeit mit einer der durch den Druck oder in Abschriften bekannt gewordenen Bearbeitungen. Eine Annäherung an eine der gedruckten Bearbeitungen zeigt die zweite (S. 150),

die mit einem Vorspiel von acht Takten beginnende dritte (S. 151)

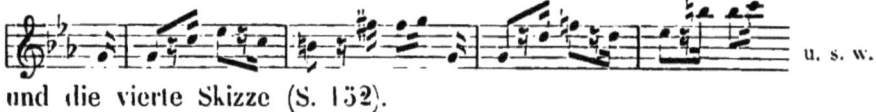

und die vierte Skizze (S. 152).

Giebt man der letzten Skizze den Anfang der zweiten, so erhält man ein Stück, das mit der in O. Jahn's Clavierauszug der »Leonore« Seite 178 bis 182 stehenden Bearbeitung so viel Übereinstimmendes zeigt, dass man von den gedruckten Bearbeitungen diese für die älteste halten muss.

Anders, als bei der Arie, wo Beethoven das ganze Stück in
Angriff nimmt, geht er (S. 148 bis 171) beim Duett zwischen Marzelline
und Jaquino vor. Er nimmt meistens nur einzelne Stellen des Textes
vor und bearbeitet sie wiederholt, z. B. hier (S. 157)

und hier (S. 154 u. 168),

wo er den Worten eine geeignete Melodie und eine angemessene
Betonung zu geben sucht. Zwischen den vielen kleinen Skizzen finden
sich nur zwei grössere. Sie beziehen sich auf die Mitte des Duetts.
Eine Übereinstimmung mit dem Druck ist, ausser in Takt- und Tonart,
nur in dem zu Grunde liegenden Instrumental-Motiv zu finden. Und
das ist ein wesentliches Motiv; es ist der Kern des Ganzen.

Zum dritten Stück der Oper gehören (S. 155 bis 163) einige kür-
zere und längere Skizzen, von denen eine der letzten

der gedruckten Form etwas nahe kommt.

Beim vierten Stück werden (S. 162 u. 163) zuerst den Anfangs-
worten angemessene Melodien gesucht, die denn gar verschieden aus-
fallen.

Dann kommen abgebrochene Entwürfe zu vierstimmigen Kanons, bei denen einige jener skizzirten Themen benutzt sind. Hieraus ist zu schliessen, dass die kanonische Behandlung dieses Stückes von Anfang an beschlossen war.

Zum fünften Stück der Oper finden sich (S. 166 u. 167) vier kurze Entwürfe, sämmtlich in F-dur, von denen einer so lautet:

Hat man nicht auch Gold bei-ne-ben, kann man nicht ganz glück-lich sein.

Eine Übereinstimmung mit der gedruckten Form zeigt sich nirgends.

Mit Ausnahme der Arie Marzellinens lässt sich keines von den vorkommenden Stücken aus den Skizzen vollständig herstellen. Die Arbeit an der Oper blieb nun vor der Hand liegen.

Zwischen den Arbeiten zur »Leonore« finden wir, ausser einer ziemlichen Anzahl kleiner, hier zu übergehender Skizzen: (S. 147) eine Stelle zu einem Briefe; (S. 148) die ersten vier Takte des Clavierconcerts in G-dur;

(S. 151) Entwürfe zu einigen Contretänzen; (S. 155) den Ansatz zu einer »*Fantasia un poco adagio*« mit der Bemerkung: »*si continua sempre molto semplice in questa maniera*«; ein im Entwurf beinahe fertig gewordenes marschartiges Stück; (S. 155 u. 156) einen Entwurf

zum dritten Satz der Symphonie in C-moll, in dem u. A. der ohne Auf- und Vortakt erfolgende Anfang und die Fortschreitung einer im

18. Takt eintretenden und 8 Takte später in anderer Lage wiederkehrenden Mittelstimme merkwürdig sind; ferner (S. 157 f.) Entwürfe

zum ersten Satz derselben Symphonie [11]); (S. 158) nicht benutzte Entwürfe zu einer Composition für Streich- und Blasinstrumente mit der Bemerkung: »könnte zuletzt endigen mit einem Marsch«; (S. 159) ein Thema mit einer angefangenen Variation für Clavier; ein abgebrochenes Stück mit der Bezeichnung: »lustige Sinfonia«; das Thema zu einer Fuge in einem Kyrie; (S. 165) eine Clavier-Übung; (S. 166) ein Stück, dessen Anfang

an eine Arie in Haydn's »Jahreszeiten« erinnert; ein angefangenes Agnus Dei u. s. w.

Aus dieser Zusammenstellung erhellt, dass Beethoven, als er an jenen fünf Opernstücken arbeitete, sich noch mit vielen andern Compositionen trug. Die Arbeit zur »Leonore« konnte also keine dringende sein. Es war die Zeit noch nicht gekommen, in der Beethoven seine Aufmerksamkeit fast ausschliesslich der Oper zuwendete.

Die oben erwähnte Briefstelle lautet: »Da übrigens ihr Brief in einem Ton geschrieben ist, der mir ganz fremd und ungewöhnlich ist, so kann ich nichts anderes thun, als ihren Brief zurücksenden, wovon ich zu meiner Rechtfertigung eine Abschrift habe machen lassen.« Beethoven hatte also einen unangenehmen Brief bekommen, den er so beantworten wollte. Um welche Angelegenheit es sich handelte und an wen die Worte gerichtet werden sollten, ist mit Gewissheit nicht zu sagen. Vermuthlich hängen die Worte mit dem Streit zusammen, den Beethoven i. J. 1803 mit Artaria oder Mollo wegen des Nachdrucks des Quintetts Op. 29 hatte [12]).

Gleich nach den zur »Leonore« gehörenden Arbeiten kommen (S. 172 bis 179) Entwürfe zu zwei im Oratorium »Christus am Ölberge« vorkommenden Stellen. Die berührten Stellen sind: die zweite Hälfte der ersten Arie und der Schluss der zweiten Nummer (Gesammtausgabe, Partitur S. 14 bis 18 und S. 29 bis 48). Wir haben hier jedoch nicht die ersten Skizzen zu jenen Stücken, sondern eine Nacharbeit vor uns. Die Skizzen gelten einer Umarbeitung. Dies geht zunächst daraus hervor, dass die Skizzen sich nur auf getrennte Theile oder Abschnitte grösserer Ganzen beziehen und dass die Theile, welche den im Skizzenbuche vorkommenden Stellen vorhergehen und aus denen letztere thematisch hervorgehen, nicht berührt werden. Dann ist zu bemerken, dass in einigen der vorkommenden grösseren Skizzen an Stellen, wo die Singstimme mehrere Takte hindurch schweigt, diese Takte, statt mit leitenden Motiven, wie man sie sonst in Skizzen zu Gesang-Compositionen findet, theils mit dem begleitenden Instrumentalbass, theils mit einer Begleitungsfigur der Violinen u. dergl., theils mit Pausen ausgefüllt sind. Aus dieser Erscheinung ist sicher zu schliessen, dass Beethoven, als er die Entwürfe schrieb, eine fertige Partitur vor sich hatte. Über das Verhältniss der Skizzen zur früheren Fassung der berührten Stellen lässt sich mit Sicherheit nichts sagen, da sich ausser der gedruckten Bearbeitung, welche in den Skizzen erzielt wurde, keine andere erhalten hat. Wir müssen uns auf die Betrachtung der Skizzen beschränken und können nur hierauf unsere Vermuthungen gründen.

Von den zur ersten Nummer gehörenden Skizzen sind die meisten auf den Schluss der Arie gerichtet. Mit den Worten »Nimm den Leidenskelch von mir« werden die verschiedensten Wendungen vorgenommen. Ein ihrem Inhalt angemessener Ausdruck wird gesucht, und dieser Ausdruck steigert sich von der Niedergeschlagenheit bis zum affektvollen Pathos. Man sehe hier (S. 173),

Demnach scheint es, dass es bei der Umarbeitung auf einen wirkungsvollen Schluss abgesehen war.

Die zur zweiten Nummer gehörenden Skizzen beschäftigen sich meistens mit der Solostimme und beginnen an der Stelle, wo jetzt Chor und Solostimme zusammentreten (Part. S. 29, Takt 3). Nach den Erscheinungen, die uns hier geboten werden, hat es allen Anschein, dass in der ursprünglichen Fassung die Solostimme vom Eintritt des Chores an schwieg und dass es hier darauf abgesehen war, dieselbe bis zum Schluss des Satzes zu beschäftigen [13]).

Zwischen diesen Skizzen finden sich (S. 177) Ansätze zu einer
»Sinfonia in d-moll«, zu einem Clavierstück und zu einem »Zapfenstreich«. Da Beethoven zu deren Niederschrift eine früher leer gebliebene Stelle benutzt hat, so ist eine Unterbrechung der früheren Arbeit nicht anzunehmen. Dann erscheinen (S. 180 bis 182), ausser einigen unbekannten Stücken, Entwürfe zum ersten Satz des Tripelconcertes Op. 56. Aus deren Beschaffenheit ist zu schliessen, dass die Composition hier begonnen wurde. Das Hauptthema des Satzes lautete ursprünglich so:

Die Arbeit zum Concert wurde in einem andern Skizzenbuche fortgesetzt.

Wir sind zu Ende und haben nur noch von einer auf der letzten inneren Seite des Umschlags stehenden Bemerkung Kenntniss zu nehmen, welche lautet: *»Sonata scritta in un stilo* (durchstrichen: *brillante*) *molto concertante quasi come d'un Concerto«.* Das ist der Titel der Sonate Op. 47. Beethoven kann ihn geschrieben haben, als er mit der Reinschrift eines der im Skizzenbuche vorkommenden Stücke beschäftigt war [14]).

Eingangs wurde als die Zeit, welcher im weitesten Umfange das Skizzenbuch angehört, die von October 1802 bis April 1804 angenommen. Es versteht sich, dass wir uns die im Skizzenbuche berührten Compositionen in der Reihenfolge, in der sie erscheinen, in jener Zeit entstanden denken. Sieht man ab von Nebensächlichem und berücksichtigt man, dass die kleinen Compositionen, welche zwischen grösseren vorkommen, früher fertig werden mussten, als letztere, so lassen sich die ganz oder zum Theil fertig gewordenen Compositionen chronologisch zusammenstellen wie folgt:

Variationen über »Rule Britannia«,
1. Satz der dritten Symphonie,
3 Märsche für Pianoforte zu 4 Händen Op. 45,
Lied »Das Glück der Freundschaft« Op. 88,
2., 3. und 4. Satz der dritten Symphonie,
Quartett zur Schikaneder'schen Oper (unvollendet),
1. Satz der Sonate Op. 53,
Andante in F-dur für Pianoforte,
letzter Satz der Sonate Op. 53,
Bagatelle in C-dur (ungedruckt),
die ersten fünf Gesangstücke der Oper »Leonore« (Vorarbeit),
1. Satz des Clavierconcerts in G-dur (nur die Anfangstakte),
1. und 3. Satz der Symphonie in C-moll (nur einzelne Stellen, Vorarbeit),
zwei Stellen aus dem Oratorium »Christus am Ölberge« (Umarbeitung) und
1. Satz des Tripelconcertes Op. 56 (Vorarbeit).

Anmerkungen.

1) Die Variationen über »Rule Britannia« erschienen am 20. Juni 1804. Das Thema, von Dr. Th. A. Arne angeblich 1740 componirt, findet sich von Beethoven's Hand geschrieben zwischen Arbeiten zum 2. und 4. Satz der zweiten Symphonie. Demnach hat Beethoven es spätestens i. J. 1802 kennen gelernt.

2) Die im Archiv der Gesellschaft der Musikfreunde in Wien aufbewahrte revidirte Partitur-Abschrift der dritten Symphonie hat mit Einschluss einiger ausradirten Wörter den Titel:

Sinfonia grande
intitulata Bonaparte
804 im August
del Sigr.
Louis van Beethoven.
geschrieben
auf Bonaparte
Sinfonie 3.   Op. 55.

Der ursprüngliche Titel, von des Copisten Hand mit Tinte geschrieben, bestand nur aus der 1., 2., 4. und 5. Zeile. Die 2. Zeile ist später ausradirt worden, und sind die 6. und 7. Zeile von Beethoven's Hand mit Bleistift hinzugeschrieben worden. Eine fremde Hand hat später die 3., und eine andere fremde Hand noch später die 8. Zeile beigefügt.) Das beigefügte Datum (August 1804) kann nicht als die Zeit der Vollendung des Werkes angenommen werden und ist andern Angaben gegenüber nicht haltbar. Ferd. Ries (Biogr. Not. S. 77) erzählt, Beethoven habe die Symphonie Bonaparte, als er noch erster Consul war, zugedacht und habe, als er vernommen, Bonaparte habe sich zum Kaiser erklärt, das Titelblatt einer Abschrift der Symphonie durchrissen und es sei dann der ursprüngliche Titel »Bonaparte« geändert worden. Wenn die Geschichte wahr ist, und glaubwürdig ist sie, so muss, da Bonaparte am 18. Mai 1804 Kaiser wurde, die Abschrift, folglich auch die Symphonie spätestens im Mai 1804 fertig gewesen sein. Ferd. Ries sagt ferner (a. a. O. S. 77), die Symphonie sei 1802 in Heiligenstadt componirt. C. Czerny giebt 1803 als das Jahr der Composition an. J. Mähler, ein Landsmann Beethoven's, erzählte, er habe Beethoven im Herbst 1803 mit der Beendigung der Symphonie beschäftigt gefunden und das Finale von ihm spielen gehört. (Vgl. Thayer's Biogr., 2 Bd., S. 236, 392.) Nach diesen Angaben muss die Symphonie spätestens Ende 1803 vollendet oder der Vollendung nahe gewesen sein. Vielleicht behält Ries Recht, wenn man unter »componirt« versteht: angefangen.

3) Das Werk erschien 1786 in Kopenhagen unter dem Titel: »Zwey Litaneyen aus dem Schleswig-Holsteinischen Gesangbuche mit ihrer bekannten Melodie für Acht Singstimmen in zwei Chören . . . . gesetzt von Carl Ph. E. Bach«. Der Componist bezeichnet es in einem Briefe als eines seiner »am stärksten gearbeiteten Stücke«. Beethoven scheint Werth auf die Litaneien gelegt zu haben. Bei den Vorbereitungen zur zweiten Messe, im Jahre 1818, begehrt er sie. Eine Tagebuchnotiz aus dieser Zeit lautet: »Bach's Litaneyen nicht zu vergessen«.

4) Die Märsche Op. 45 erschienen am 10. März 1804. Nach einer Mittheilung C. Czerny's sollen sie im Eckhause am Peter in Wien, jetzt Peters-Platz Nr. 14, wo Beethoven ungefähr von Anfang November 1802 bis spätestens April 1803 wohnte, componirt worden sein.

5) Die älteste Ausgabe des Liedes hat den Titel: »Das Glück der Freundschaft. in Music gesetzt van Bethoven. bey Löschenkohl in Wien. 1803«. Monat und Tag des Erscheinens war nicht zu ermitteln. Im März 1804 erschien ein Nachdruck des Liedes. Demnach wäre das Erscheinen der ersten Ausgabe in die zweite Hälfte des Jahres 1803 zu setzen.

6) In einem in Wien Ende Februar 1803 geschriebenen, in der Leipziger Allg. Musik. Zeitung vom 30. März 1803 abgedruckten Briefe heisst es: »Beethoven und Abt Vogler componiren jeder eine Oper für das Theater an der Wien«. »Der Freimüthige« vom 12. April 1803 berichtet: »Beethofen ist seit Kurzem mit einem ansehnlichen Gehalt bei dem Theater ah der Wien engagirt worden«. Im Blatte vom 17. Mai 1803 steht: »Er (Beethoven) wird eine, Vogler drei Opern schreiben. Dafür erhalten sie nebst freier Wohnung von der Einnahme der zehn ersten Vorstellungen 10 Procent«. In einem in der »Zeitung für die elegante Welt« vom 2. August 1803 enthaltenen Bericht, geschrieben in Wien am 29. Juni 1803, wird u. A. gemeldet: »So schreibt jetzt der Abbé Vogler eine Oper von H. (Huber), und Beethoven eine von Schikaneder«. Ohne Zweifel ist die in diesen Berichten gemeinte Oper, die Beethoven schreiben sollte, dieselbe, zu der die vorkommenden Skizzen gehören. Noch eine Mittheilung liegt vor. Beethoven schreibt am 2. November 1803 an seinen Freund Macco: »Nur ist es mir in diesem Augenblicke unmöglich, dieses Oratorium gleich zu schreiben, weil ich jetzt erst an meiner Oper anfange«. Wahrscheinlich ist aber hier die Oper »Leonore« gemeint. Auf Grund der angeführten Stellen lässt sich nun sagen, die vorkommenden Skizzen seien wahrscheinlich zwischen Februar und Juli 1803, möglicherweise aber erst im October oder November desselben Jahres geschrieben.

7) Die Lieder von Gellert, Op. 48, wurden angeblich 1803 componirt und erschienen zwischen Ende 1803 und März 1804.

8) Die Sonate Op. 53 erschien im Mai 1805, das Andante in F-dur im Mai 1806. Nach einer Angabe O. Jahn's sollen die Stücke 1804 componirt sein. Worauf sich diese Angabe gründet, ist nicht gesagt.

9) Beethoven hat das Stück später überschrieben: »Bagatelle Nr. 5«.

10) Aus der Stellung, welche die im Skizzenbuche vorkommenden Stücke zur Oper »Leonore« einnehmen, ergiebt sich, dass sie höchstens ein Vierteljahr später fallen, als die zur zurückgelegten Schikaneder'schen Oper. Auf Grund früher angegebener Daten (s. Anm. 6) wurde also die Composition der »Leonore« wahrscheinlich zwischen Mai und October 1803, möglicherweise erst im Januar oder Februar 1804 begonnen. Der letzte Termin ist als der späteste zu betrachten. Unverträglich mit diesem Ergebniss sind die Angaben der Biographen Beethoven's. So heisst es z. B. in Thayer's Biographie (Bd. 2, S. 263, 267), Beethoven habe Ende 1804 den Auftrag bekommen, für das Theater an der Wien eine Oper zu schreiben und habe den Text zu »Fidelio« (Leonore) im Winter 1804 — 1805 erhalten. Ähnlich lautet's bei Schindler (Biogr. I, 118). Die Quelle, aus welcher Beide geschöpft haben, ist keine andere, als die Mittheilung Friedr. Treitschke's im »Orpheus für das Jahr 1841« (S. 258) *). Die Biographen haben die Aussage Treitschke's gläubig hingenommen (und wer hätte das nicht?), weil nichts derselben entgegen zu stehen schien. Uns führt das Ergebniss des Skizzenbuches die Aufgabe zu, jene Quelle etwas zu beleuchten.

Einen Beweis für die Richtigkeit seiner Aussage hat Treitschke nicht beigebracht. Auch wird seine Angabe durch keine von einer andern Seite kommende und aus der Zeit vor 1805 stammende Bemerkung oder Mittheilung unterstützt oder bestätigt. Mit Beethoven war Treitschke damals entweder gar nicht oder nicht so genau bekannt, dass er von dessen Thun und Vorhaben hätte genau unterrichtet sein können. Dies lässt sich aus seinen eigenen Worten schliessen, wo er gelegentlich der im Jahre 1814 unternommenen Umarbeitung der Oper »Leonore« sagt, er habe »seit einiger Zeit seine (Beethoven's) nähere Freundschaft erlangt«. Und dass Treitschke damals, nämlich in den Jahren 1803 und 1804, mit den Verhältnissen und Vorgängen im Theater an der Wien so genau bekannt war, dass eine Aussage von ihm als zuverlässig hingenommen werden könnte, ist nicht zu beweisen und muss für unwahrscheinlich gehalten werden, wenn berücksichtigt wird, dass Treitschke schon durch seine Stellung an einem andern Theater von den Unternehmungen des Theaters an der Wien fern gehalten wurde (**). Seine Zeugenschaft kann für die Zeit der dritten Bearbeitung der »Leonore« geltend gemacht werden, nicht aber für die der ersten Bearbeitung. Augen- und Ohrenzeugen konnten Ferd. Ries und J. v. Seyfried sein, der Eine damals ein Schüler Beethoven's, der Andere damals Kapellmeister in demselben Theater, für welches Beethoven's Oper be-

---

*) F. Treitschke schreibt: »Es war Ende 1804, als Freiherr von Braun, der neue Eigenthumer des k. k. priv. Theaters an der Wien, dem eben in voller Jugendkraft stehenden Ludwig van Beethoven antrug, eine Oper für jene Bühne zu schreiben. Ausser einem Honorar bot man ihm freie Wohnung im Theatergebäude. Joseph Sonnleithner übernahm die Besorgung des Textes und wählte das französische Buch: ‚L'amour conjugal', obgleich es schon mit Musik von Gaveaux versehen, auch italienisch als ‚Leonore' von Paer componirt, nach beiden Bearbeitungen aber in das Deutsche übersetzt war. Beethoven fürchtete seine Vorgänger nicht, und ging mit Lust und Liebe an die Arbeit, die Mitte 1805 ziemlich zum Ende gelangte«.

**) Friedr. Treitschke, geboren 1776 in Leipzig, kam 1800 als Schauspieler an das Hofschauspielhaus in Wien, wurde 1802 Regisseur und Dichter der Hofoper und blieb in dieser Stellung bis zum Jahre 1809, wo er ans Theater an der Wien kam.

stimmt war, und was sich aus deren Mittheilungen gewinnen lässt, verträgt sich mit dem vom Skizzenbuche gelieferten Datum, nicht aber mit dem, welches Treitschke aufstellt. Ries erzählt (a. a. O. S. 112): »Als er (Beethoven) Leonore componirte, hatte er für ein Jahr freie Wohnung im Wiedner-Theater, da diese aber nach dem Hofe zu lag, behagte sie ihm nicht. Er miethete sich also zu gleicher Zeit ein Logis im rothen Haus an der Alserkaserne«. Nun wohnte Beethoven im Theatergebäude an der Wien im Mai 1803 und später, im rothen Haus im Frühjahr 1804. Demnach muss Beethoven vor Frühjahr 1804 an der Oper gearbeitet haben. Seyfried sagt (Studien, Anh. S. 8) u. A.: »Sonnleithner unterzog sich dem Geschäfte, das Singspiel Leonore für die Operngesellschaft des Theaters an der Wien zu bearbeiten; Beethoven erhielt daselbst eine freie Wohnung und machte sich rüstig mit Lust und Liebe ans Werk«. Nach dieser Darstellung wurde die Composition bald nach dem Einzug in das Theatergebäude, also jedenfalls im Jahre 1803 begonnen.

Unsere Annahme und Behauptung, Beethoven habe die Composition der »Leonore« spätestens im Februar 1804 begonnen, verträgt sich mit einigen Erscheinungen, die, mit der bisherigen Annahme in Verbindung gebracht, einer gewaltsamen Erklärung bedürfen. Erstens ist es undenkbar, dass Beethoven die Oper in der kurzen Zeit vom Winter 1804 — 1805 bis ungefähr October 1805 *) componirt habe. Nach der Beschaffenheit des Werkes selbst und nach dem Massstabe zu urtheilen, den andere Compositionen bieten, muss Beethoven mehr als ein volles Jahr dazu gebraucht haben. Zweitens beseitigt unsere Annahme die bedenkliche Concurrenz mit Ferd. Paer. Am 24. October 1804 stand es in der Leipziger Allg. Musik. Zeitung, dass Paer's neue Oper »Leonore« in Dresden mit Beifall aufgeführt sei**). Und da soll, nach Treitschke's Angabe, bald darauf die Direction des Theaters an der Wien dasselbe Sujet für Beethoven gewählt und nicht bedacht haben, dass Paer's Oper ihren Weg nach Wien eben so gut finden würde, wie fast alle andern Opern dieses damals so beliebten Componisten, und dass die Verbreitung der Paer'schen »Leonore« der Aufnahme einer Oper gleichen Namens und gleichen Inhalts Eintrag thun müsse?***) Auf Grund des vom Skizzenbuch gelieferten Datums erscheint die Sache einfach. Beethoven's Arbeit war früher begonnen und war, als die Aufführung der Paer'schen Oper bekannt wurde, so weit vorgerückt, dass an ein Liegenlassen derselben nicht zu denken war. Drittens ist es mit unserer Annahme erklärlich, warum Sonnleithner bei der Verfassung des Textbuches nur das ältere französische Buch benutzte, das in mehrerer Beziehung vorzuziehende italienische Buch Paer's aber nicht berücksichtigte. Musste er doch von letzterem absehen, weil es noch nicht da war. Viertens erscheint nun die nachträglich vorgenommene Änderung des Titels »Leonore« in »Fidelio« und die Weigerung Beethoven's, den neuen Titel anzunehmen, in einem andern Lichte. Dass die

---
*) Wir berücksichtigen hierbei den Tag der ersten Aufführung (20. November 1805), die nöthigen Proben, Abschriften u. s. w.
**) Die erste Dresdener Aufführung fand Statt am 3. October 1804.
***) In den drei Jahren 1799 bis 1801 kamen 7 neue Opern von Paer im Wiener Hoftheater zur Aufführung. Die Oper »Achille« wurde in den drei Jahren 1801 bis 1803 55 mal, die Oper »Poche ma buone« im J. 1801 14 mal aufgeführt u. s. w. Paer's »Leonore« wurde in Wien zum ersten Mal am 8. Februar 1809 und im nämlichen Jahr noch 5 mal gegeben.

Direction des Theaters nach dem Bekanntwerden der Paer'schen Oper »Leonore« auf der Änderung des ursprünglichen Titels bestand, ist begreiflich. Das war eine zur Theaterpraxis gehörende Nothwendigkeit. Aber nicht begreiflich ist es, wenn nach Treitschke's Angabe das Textbuch erst nach dem Bekanntwerden der Paer'schen Oper verfasst wurde, dass man nicht gleich anfangs denselben Grundsatz befolgte und also von vornherein der Beethoven'schen Oper einen von der Paer'schen verschiedenen Namen gab. Beethoven aber wollte später nicht durch die Annahme des geänderten Titels (»Fidelio« statt »Leonore«) den Schein auf sich laden, als ob er eine Rivalität mit Paer scheute.

Unwahrscheinlich sind auch einige andere Angaben Treitschke's. Die Angabe, Beethoven sei Ende 1804 freie Wohnung im Theatergebäude angeboten worden, wird auf einer Verwechslung mit den Vorgängen des Jahres 1803 beruhen. Dass Beethoven (im Mai und Juni) 1803 im Theatergebäude wohnte, ist durch Briefe zu belegen, nicht aber, dass er auch Ende 1804 oder später da wohnte. Ferner ist es zu bezweifeln, was aus Treitschke's Darstellung hervorgeht, dass Beethoven sich nicht an der Wahl des Textbuches betheiligt habe. Dass Beethoven da mitgesprochen hat, ist eben so wahrscheinlich, wie es wahrscheinlich ist, dass der Grund der Zurücklegung der Schikaneder'schen Oper lediglich zu suchen ist in der Abneigung Beethoven's, einen solchen Text zu componiren.

Wir lassen nun das von Treitschke aufgestellte Datum und die Folgerungen, welche daraus gezogen worden sind, auf sich beruhen. Späteren Forschungen muss es überlassen bleiben, den weiten Zeitraum (Mai 1803 bis Februar 1804), den wir der Inangriffnahme der »Leonore« anweisen mussten, einzuschränken.

11) Entwürfe zum Concert in G-dur und zur Symphonie in C-moll treffen auch auf andern Blättern zusammen. Verweisen lässt sich auf meine »Beethoveniana« (S. 10 f.), wo jedoch die S. 16 angegebenen Daten nach den Ergebnissen des vorliegenden Skizzenbuches zu ändern sind. Letzteres war mir damals noch nicht bekannt.

12) Vgl. »Beethoveniana« S. 3. Ist die Seite 72 dieser Abhandlung ausgesprochene Vermuthung richtig, so muss die Briefstelle bald nach dem 22. Januar 1803 geschrieben worden sein.

13) »Christus am Ölberge« wurde zum ersten Mal aufgeführt am 5. April 1803. Spätere Aufführungen fanden Statt am 4. August 1803, am 27. März 1804 u. s. w. Dass die Umarbeitung der Stellen lange Zeit nach der ersten Aufführung vorgenommen wurde, ist nicht wahrscheinlich. Aus anderwärts befindlichen Skizzen geht hervor, dass Beethoven im Jahre 1802 viel am Oratorium gearbeitet hat.

14) Die Sonate Op. 47 wurde am 25. Mai 1803 Simrock zum Verlag angeboten, und am 3. Februar 1804 wurde die Verlagscession unterschrieben. Spätestens im September 1804 erfolgte die Widmung an R. Kreutzer. Da diese Widmung in der auf dem Umschlage befindlichen Notiz fehlt, so muss letztere spätestens zur zuletzt erwähnten Zeit geschrieben worden sein.